FALKEN
FARBIG

Axel Krause
Alfred Bayer

MARIONETTEN

entwerfen · gestalten · führen

FALKEN VERLAG

Die Ratschläge in diesem Buch sind von Autor und Verlag sorgfältig erwogen und geprüft, dennoch kann eine Garantie nicht übernommen werden. Eine Haftung des Autors bzw. des Verlages und seiner Beauftragten für Personen-, Sach- und Vermögensschäden ist ausgeschlossen.

CIP-Kurztitelaufnahme der Deutschen Bibliothek

Krause, Axel:
Marionetten: entwerfen, gestalten u. führen /
Axel Krause u. Alfred Bayer. –
Niedernhausen/Ts.: Falken-Verlag, 1981.
(Falken farbig)
ISBN 3-8068-5118-2
NE: Bayer, Alfred

ISBN 3 8068 5118 2

Fotos; Palm Studios, 6000 Frankfurt; Archiv für Kunst und Geschichte, Berlin; Horst von Irmer, Internationales Bildarchiv, München
Zeichnungen: Axel Krause
Puppen: Axel Krause, Mathias Omonsky, Peter Wenzel
Kostüme und schneidertechnische Beratung:
Irene Gelzenleuchter
Gesamtherstellung: Neef, Wittingen

817 2635 4453 62

Inhalt

Kleine Historie des Marionettenspiels

Wer schon einmal hinter einer Marionettenbühne gestanden und den Puppenspielern bei ihrer Arbeit zugeschaut hat, wie sie mitleben und versuchen, ihre Körpersprache und Mimik auf die hölzernen Schauspieler zu übertragen, dem wird klar, daß die Faszination der Marionetten nicht nur den Zuschauer ergreift.
Ein Mensch, der sich in diese Materie vertieft hat, und sei es nur durch das Spielen, kommt so schnell nicht mehr los davon. Nach kürzester Zeit zeigt man »Suchtsymptome«, muß sogar die »Dosis« erhöhen, indem man anfängt, selbst Figuren zu fertigen und schließlich eigene Stücke konzipiert. Nicht von ungefähr entstehen derzeit überall neue Marionettenbühnen, die von Schülern und Studenten, aber auch von »etablierten Erwachsenen«, betrieben werden, um Ausgleich und Entspannung in einer kreativen Kunstform zu finden.
Doch das Marionettenspiel war nicht immer »nur« Freizeitbeschäftigung, abgesehen davon, daß der Begriff der Freizeit eine Erfindung des 20. Jahrhunderts ist. Es war vielmehr ein Beruf, im Sinne von »Berufung«, der manche Entbehrungen und Anfechtungen mit sich brachte.
Im folgenden soll ein kleiner Einblick in die abendländische Historie der Marionetten gegeben werden, ohne allerdings Anspruch auf Vollständigkeit zu erheben.
Über den Ursprung des Wortes »Marionette« ist man sich nicht einig. Charles Magnin erinnert in seiner »Histoire des Marionettes en Europe« sowohl an die Figur »Marion« in einem Schäferspiel des 13. Jahrhunderts wie auch an die beweglichen Figuren der mittelalterlichen Weihnachtskrippen und an die »marotte«, die Pritsche der Narren.
Es gibt viele Findungsversuche in dieser Richtung, doch handelt es sich hauptsächlich um Spekulationen, die je nach Landschaft und Sprache unterschiedlich ausfallen. Im Französischen bezeichnet man beispielsweise jede Form von Theatergruppe als »marionette«. Dies spricht nicht unbedingt für das Ansehen der Eigenständigkeit von Schauspielern, beachtet man dabei den übertragenen Sprachgebrauch von Marionetten als willenlosen Menschen.
In allen anderen Ländern wird der Begriff des Marionettenspiels allerdings ausschließlich auf die Anwendung von einer an Eisenstangen oder an Fäden hängenden Gliederpuppe definiert. Der Puppenführer manipuliert die Fadenmarionette von oben herab, für die Zuschauer unsichtbar, mit Hilfe eines Führungskreuzes. Durch Anheben, Drehen und Senken des Kreuzes und zusätzlichen Hebeln kann der Spieler die Puppe so dirigieren, daß sie eine Vielzahl homogen aufeinander abgestimmter Bewegungen auszuführen in der Lage ist.
Puppenspiele, besonders Marionettenspiele, erfreuten sich schon bei den Griechen eines ausgesprochen hohen Beliebtheitsgrades. Zeugnisse darüber finden wir bei vielen griechischen Autoren. So verglich Platon den Menschen mit einer Marionette in der Hand der Götter und seine Leidenschaften mit den Fäden, die ihn ziehen. Aristoteles sieht den Herrn des Universums als Marionettenspieler, der die Menschen wie Puppen bewegt.

Rechte Seite: Marionettentheater im 19. Jahrhundert; Farbholzschnitt aus »Zur Guten Stube«.

Die griechischen Marionetten – agalmata neuro spasta – wurden aus gebranntem und bemaltem Ton, Wachs, Elfenbein und Holz gefertigt. Sie hingen an einem am Kopf befestigten Eisenstab und wurden doch schon nachweislich durch Fäden bewegt, da man den Spieler als »Neurospastai« (Fadenzieher) bezeichnete. Auch in den römischen Schriften tauchen die verschiedensten Bezeichnungen für Marionetten auf: Pupae, Sigillae, Sigillidae, Imagunculae oder gar Homunculi.

Über die Anfänge in deutschsprachigen Regionen liegen recht wenige Dokumente vor. Eine erste Darstellung des Puppenspiels existiert in Form einer um 1170 datierten Zeichnung; die Puppen wurden an starken horizontalen (!) Stricken von zwei Personen geführt. Diese, fast schon als skurril zu bezeichnende Form des Spielens ist wohl die mitteleuropäische Urform der Marionette, die unter der Bezeichnung »marionettes à la planchette« (Marionetten auf dem Brettchen) von savoyischen Hirtenknaben noch Anfang des 19. Jahrhunderts zu Dudelsack und Flöte in den Dörfern vorgeführt wurde.

Der Grund für die wenigen Zeugnisse dieser Zunft liegt in der Tatsache begründet, daß das Marionettenspiel hauptsächlich Volksbelustigung darstellte, die den Gebildeten im Lande suspekt und nicht erwähnenswert erschien. Da die Spieler des Mittelalters zum fahrenden Volk gehörten und jeweils in den Städten eine Spielerlaubnis einholen mußten, sind Ratsprotokolle die einzigen Dokumente aus dieser Zeit. So bittet zum Beispiel ein gewisser Balthasar Klein 1582 in Nördlingen darum, »zwo schöner historia aus dem alten Testament, welche comediaweis durch schöne Figuren agiert werden«, aufführen zu dürfen.

Doch es war des öfteren nicht damit getan, daß der Puppenspieler um Erlaubnis bat; mancherorts waren die Fadenzieher ausgesprochen unerwünscht.

Die Kirche empfand die Marionette als eine Rivalin für die Heiligen, schon allein aus dem Aspekt heraus, daß die Figurine lange dem Heidentum zu Diensten stand, bis man dahinter kam, daß das einfache Volk auf die Dauer doch auf die Verbildlichung der religiösen Abstraktionen angewiesen war.

So gerieten die hohen Kirchenherren in ein arges Dilemma: auf der einen Seite sich dieses »Medium« zunutze zu machen, um die Gefolgschaft der Einfältigen nicht zu verlieren, aber auf der anderen Seite das Risiko miteinzukalkulieren, daß durch die Faszination, die von den Marionetten ausging, aus diesen Gegenstände der Verehrung wurden.

So glaubte das Tridentiner Konzil 1545 bis 1547 ein Verbot aussprechen zu müssen, welches den Spielern untersagte, Marionetten auftreten zu lassen, die Heilige darstellten. Das Verbot wurde jedoch größtenteils ignoriert und sehr bald einfach vergessen. Die Marionetten blieben weiterhin die »kleinen Marien«.

Doch es gab nicht nur die religiösen Mysterienspiele. Viel aufregender waren die sogenannten »soties«: Farcen, Schwänke und Feenmärchen, die oft satirischen Charakter besaßen und nicht selten einer gewissen Pikanterie entbehrten. So ließ man die Puppen von dem sprechen, was allgemein unüblich oder gar unmoralisch war. Denn jeder konnte sich mit eigenen Augen davon überzeugen, daß dies ja »nur« Puppen aus Holz waren, die solcherlei heiße Eisen anfaßten.

Neid mußten die Marionettenspieler von den Schauspielern erfahren. Diese andere Zunft fühlte sich nicht nur durch die Puppen parodiert und lächerlich gemacht, sondern sie fürchtete zudem um ihre Einnahmen.

Tatsächlich waren diese populären Marionetten eine echte Konkurrenz, da sie größere Volksnähe in der Präsentation und der Auswahl der Stücke besaß und das Zuschauen erheblich billiger war. Ende des 17. Jahrhunderts setzten die Schauspieler von Paris sogar durch, daß die Puppenspieler sich auf die Jahrmärkte der Pariser Vorstädte zurückziehen mußten.

In Deutschland war zu dieser Zeit Hans Sachs populär, der eigens für das Marionettentheater deftige Schwänke verfaßte. Ein anderes Genre erlebte damals seine Blütezeit – das der fürchterlichen und gruseligen Stücke. Am bekanntesten war »Doktor Faustens Verdammnis«, durch das sich Goethe bereits 1773 zu seinem Hauptwerk, dem Urfaust, anregen ließ. Dieses Marionettenspiel ging auf eine volkstümliche Legende zurück, die ursprünglich den schauerlichen

Marionettenfiguren im 19. Jahrhundert; Farbholzschnitt aus »Zur Guten Stube«.

Unsere ꝛc.

Es ist in der Verordnung vom 11ten November 1718. ausdrücklich verordnet:

daß die Comödianten, welche von dem Landesherrn nicht specialiter privilegirt sind, wie auch die Gauckler, Seiltänzer, Marionetten- und Puppenspieler und dergleichen Leute in keinen Städten, Flecken und Dörfern, so wenig in als außerhalb den Jahrmärkten, bey Confiscation ihrer Buden, oder cörperlichem Arrest, zugelassen, sondern dergleichen Leuten die Grenzen zu Ausübung ihrer ohnehin verdächtigen Profession gesperret und geschlossen seyn sollen.

Da jedoch, dem Vernehmen nach, der Inhalt dieser Verordnung nicht aller Orten gehörig beobachtet wird; So finden Wir Uns bewogen selbige hiemit Namens Sr. Königl. Majestät Unsers Allergnädigsten Herrns ausdrücklich zu erneuern, und habet ihr dannenhero mit Strenge darüber zu halten und daran überall keinen Mangel verspüren zu lassen. Wir ꝛc.

Hannover den 10ten October 1793.

Königlich-Großbritannische zur Churfürstlich-Braunschweig-Lüneburgischen Regierung
verordnete Geheime-Räthe.

C. R. A. Graf v. Kielmansegge.

An
alle Obrigkeiten im Lande.

Erzählungen eines Herbergswirts entsprang. Im Laufe der Jahre wurde aus der Gestalt des Faust – einem Doktor der Universität Heidelberg, trinkfest und für sokratische Liebe empfänglich – eine mythische Figur, die – wie sollte es zur damaligen Zeit auch anders gewesen sein – etwas mit dem Teufel zu tun haben mußte.

Der Puppenspieler Brioché nahm den »Faust« nach Marlowe zur Vorlage, nannte das Stück pietätlos »Polichinelles Verdammnis« und wollte es anläßlich eines Gastspiels in Solothurn aufführen. Seine Puppen spielten allerdings so lebensecht, daß der arme Brioché selbst in den Verdacht geriet, mit dem Teufel im Bunde zu sein. Er entging nur äußerst knapp dem Scheiterhaufen. Aus Brioché wurde dennoch ein erfolgreicher und bei Hofe anerkannter Fadenzieher. Dies ging nicht zuletzt aus einer Zahlungsanweisung des Sonnenkönigs Ludwig XIV. hervor, in der der Schatzmeister beauftragt wurde, »840 Livres zur Bezahlung für die 56 Tage, die er zur Unterhaltung meines Sohnes, des Dauphins, in Saint-Germain geblieben ist«, auszuhändigen. Inwieweit die Stücke des Herrn François Brioché pädagogische Inhalte oder »nur« Unterhaltungscharakter vorzuweisen hatten, ist leider nicht überliefert.

Anfang des 19. Jahrhunderts wurde von seiten der Romantiker die Idee propagiert, die wesentlich aufwendigere Personenbühne durch die Puppenbühne zu ersetzen, um über das faszinierende Medium der Marionetten das Volk zu bilden, indem man sowohl Volksgut als auch aktuelle Satiren aufzuführen gedachte.

Den Schritt von der reinen Jahrmarktunterhaltung wandernder Bühnen zum künstlerischen Theater machte aber erst 1858 Joseph Leonhard Schmid, dem Graf Pocci in München zu einem festen Marionettentheater verhalf.

Franz Graf Pocci schrieb über 50 Puppenkomödien, die in einer Mischung von Märchen und Ironie heute noch zum Repertoire der meisten Puppentheater zählen.

Im Lauf des 20. Jahrhunderts wurde das Marionettenspiel im wesentlichen von Schweizer Künstlern geprägt, die in der Puppenbühne nicht mehr die Kopie der Menschenbühne sehen und mit teilweise abstrakten Gestaltungsformen experimentieren. Die Vertreter dieser avantgardistischen Stilrichtung zu nennen, würde den Rahmen dieser Abhandlung sprengen.

Zu weit führen würde auch eine Erläuterung der reichen und phantastischen Welt der außereuropäischen Marionettentradition. Es sei nur angemerkt, daß das moderne Puppentheater ohne Kenntnisse und Erfahrungen gerade der asiatischen Tradition in ihrer jetzigen Form undenkbar ist.

Der derzeitige Trend weist eine Wiederbelebung des Marionettenspiels als Volksbelustigung auf. Überall sprießen kleine, meist von Amateuren initiierte Bühnen empor, die sich oft satirisch mit Zeiterscheinungen auseinandersetzen, indem sie beispielsweise ganze Bühnenshows inszenieren, wie sie besetzungsmäßig nicht einmal das Fernsehen anzubieten in der Lage ist. Bei den Erwachsenen findet diese Art der Satire erstaunlich großen Anklang, nicht zuletzt durch den Publikumserfolg, den Jim Henson weltweit mit seiner Muppets-Show erzielen konnte, die alte und neue Techniken des Puppenspiels geschickt vereint. Jim Henson dürfte wohl der erste mehrfache Millionär in der Gilde der Puppenspieler sein.

Auf der anderen Seite widmet man sich wieder zunehmend den alten Märchen für Kinder, die jetzt in leicht abgewandelter Form dargeboten werden. Ob diese Puppenbühnen nun mit althergebrachten Mitteln arbeiten oder durch moderne Techniken neue attraktive Effekte erzielen, wichtig ist allein, daß diese Kunst volkstümlich bleibt und sich weiterhin an den Bedürfnissen der Zuschauer orientiert.

Rechte Seite: Marionettentheater im 19. Jahrhundert; Farbholzschnitt aus »Zur Guten Stube«.

Einfache Puppenbautechniken

Drahtpuppen

Wenn Kinder spielen und dabei ihre Puppen und Stofftiere benutzen, dann führen sie die Figuren mit ihren Händen und leihen ihnen ihre Stimme. Nicht nur die Stimme allein, sondern auch ihre »Stimmung«. Kinder leben in diesen Spielen und bewältigen damit ihre Probleme.
Doch immer haben sie einen direkten Kontakt zu dem Spielzeug. Manches Kind vermißt die »Eigenständigkeit« seiner Puppe, besonders, wenn es einmal eine Marionettenaufführung gesehen hat. Dann möchte es auch »Puppen, die alleine laufen«. Man kann diesem Kind den Rat geben, einem geeigneten Püppchen oder Stofftier einmal einen Draht anzulegen, mit dem sich die Figur steuern läßt. Das Ende eines biegsamen Drahtes wird der Puppe um die Hüften gebogen, am besten unter der Kleidung. Das andere Ende des Drahtes führt man nach oben über den Kopf hinaus; hier kann man auch eine Schlaufe biegen, um den Draht besser anfassen zu können.
Für einen Zuschauer wird schon diese einfache Technik zum Erlebnis, wenn der Spieler nicht mehr zu sehen ist und die Puppe sich »alleine« auf der Bühne bewegt.

Schleierpuppen

Eine wichtige Rolle spielt die Schleierpuppe in Waldorf-Kindergärten und allen anderen Einrichtungen, die sich auf die Pädagogik Rudolf Steiners stützen. Um die schöpferischen Lebenskräfte der Kinder zu fördern, werden in diesen Kindergärten vorzugsweise Märchen eingesetzt.
Zur spielerischen Darstellung der Wesen aus der Märchenwelt eignen sich Schleierpuppen ganz besonders, da sie das Vorstellungsvermögen der Kinder nicht durch zu stark vorgegebene Formen einengen.
Im Gegensatz zu anderen Puppen besitzt die Schleiermarionette keinen festen Körper und kein Gesicht. Die Kopfform ist zwar plastisch ausgebildet, der Körper jedoch lediglich ein loses Stück Stoff. Obwohl diese Puppe kein Spielkreuz benötigt, gehört sie dennoch zur Gruppe der Marionetten, da sie immerhin an 3 Fäden aufgehängt wird. Nur die beiden Armfäden werden für Bewegungen benötigt – und somit ist die Handhabung auch für kleine Kinder einfach. Selbst Drei- oder Vierjährige sind dadurch in der Lage, Märchen, Erlebnisse oder Träume spielerisch aufzuarbeiten.
Die Herstellung solcher Puppen ist ganz einfach. Ein Stück Stoff, am besten helle Seide, in der Größe von etwa 45 x 45 cm wird für den Körper genommen. In die Mitte legt man ein Wollknäuel oder einen dicken Wattebausch; der Stoff wird um das Knäuel gefaltet und abgebunden. Schon ist der Kopf fertig.
Die vier herabhängenden Zipfel bilden Körper und Arme. Eine Glasmurmel oder eine Wachskugel eignet sich zum Beschweren der Hand. Die Kugeln werden in die entsprechenden Zipfel gewickelt und auch abgebunden.
Ein weiteres Kleidungsstück wird aus einem farbigen Stoffstreifen (30 x 60 cm) gefertigt. Die schmalen Seiten des Stoffes werden gerafft und vorn und hinten am Hals vernäht. Die Stoffzipfel des Körpers sind nun durch den farbigen Stoff verborgen, der in U-Form um den Körper liegt. Die Seiten bleiben

größtenteils offen, nur unter den Armen kann man mit wenigen Stichen den Schlitz schließen.
Es ist nicht notwendig, Gesichter aufzumalen, aber mit Wollfäden kann man Frisuren aufnähen. Hierfür eignet sich besonders dicke Wolle. Die Wollfäden werden in entsprechender Länge – kürzen kann man auch später noch – quer über den Kopf gelegt und am Scheitel mit wenigen Stichen festgeheftet.
Die jeweiligen Charakterzüge der Figur müssen durch die Auswahl der Farben des Umhangs ausgedrückt werden. Ein König zum Beispiel kann einen leuchtend roten Umhang bekommen, die Königin einen dunkelblauen.
Wie schon gesagt, eignen sich Märchen hervorragend zur Darstellung mit Schleierpuppen. Wenn ein Erwachsener das Märchen vorliest, können Kinder passend dazu die Puppen bewegen.

Aber auch jemand, der auf dem Weg zum anspruchsvollen Puppenspiel ist, sollte einmal versuchen, eine Schleiermarionette zu fertigen und zu führen. Die schwebenden Stoffe lassen eine Vielzahl von Bewegungsmöglichkeiten zu. Auch wenn man einmal ein Schloßgespenst benötigt, ist diese Herstellungsweise ideal.

Marionettenköpfe und Gliedmaßen

Kugelköpfe aus Holz

Der am meisten Charakter ausstrahlende Teil einer Marionette, beziehungsweise einer Puppe, ist der Kopf. Durch die Gestaltung des Kopfes ist es möglich, die Figur zur Persönlichkeit werden zu lassen, ihr »Leben« zu geben.
Freundlich, grimmig, lustig, traurig, böse oder pfiffig – durch geschickte Bemalung läßt sich schon eine einfache Holzkugel zum »Persönchen« machen. Frisuren und Bärte aus Wolle oder Fellresten werden aufgeleimt, sie sind ein wichtiges Ausdrucksmittel. Als Nase dient ein kleines Stück Holz oder eine Holzperle, die aufgeklebt wird.
Bei der einfachen Form der Holzkugel empfiehlt es sich, die Gestaltung des Gesichts einfach zu halten. Kräftige Farben und große Formen sind wichtig, damit das Gesicht auch auf größere Entfernung zu erkennen ist. Bevor man Plaka- oder Ölfarben aufträgt, sollte man eine Skizze anfertigen, beziehungsweise die Gesichtszüge mit einem weichen Bleistift auf der Kugel vorzeichnen. Wie man die Mimik eines Gesichts zeichnerisch darstellt, kann man aus manchen Comicstrips lernen. Weitere Hinweise über das Anfertigen von Skizzen findet man auch in dem Buch »Punkt, Punkt, Komma, Strich« von H. Witzig, erschienen im Falken-Verlag.

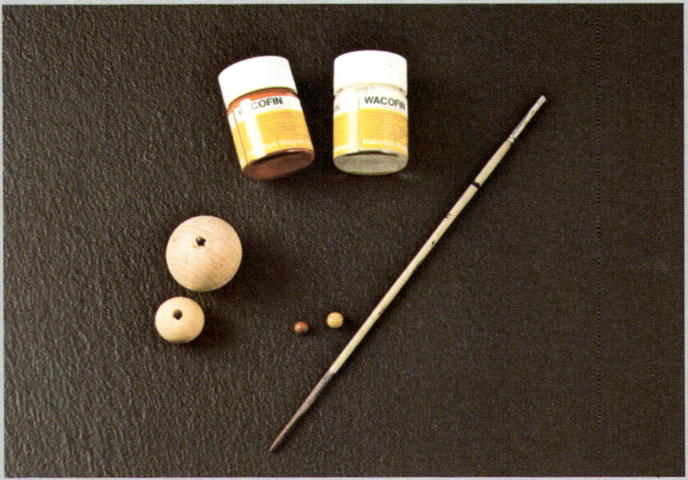

Modellierte Köpfe

Schon etwas mehr Geschick erfordert das Modellieren von Köpfen – aber Übung macht den Meister. Ein langes Gesicht, dicke Backen, verschiedene Nasen – die Kopfgestaltung bietet jetzt viele Möglichkeiten, bis hin zur Nachahmung berühmter Persönlichkeiten.
Geeignet sind alle handelsüblichen Modelliermassen, die sich im Backofen brennen lassen oder an der Luft trocknen. Die Modelliermassen, die im Backofen gebrannt werden, haben den Vorteil, daß man sie so lange umformen kann, bis die gewünschte Gestalt erreicht ist. Bei lufttrocknenden Massen bleiben nur etwa 20 Minuten Zeit; dann wird die äußere Schicht bereits trocken und kann reißen, wenn sie noch verändert wird.
Mit folgenden Materialien haben wir gute Erfahrungen gemacht (man muß jedoch selbst herausfinden, welche Masse einem am meisten zusagt):
Pronto: lufttrocknende Masse, gebrauchsfertig, geeignet für Köpfe aller Art, gut zu modellieren.
Fimo: gebrauchsfertige Modelliermasse, im Backofen zu brennen (20 Minuten bei 150 Grad Celsius), geeignet für kleinere Köpfe und Hände, muß vor dem Formen sehr kräftig geknetet werden.
Cernit: gebrauchsfertige Modelliermasse, im Backofen zu brennen (15 Minuten bei 150 Grad Celsius), geeignet für sehr kleine Hände und Köpfe, läßt feinste Kleinigkeiten formen.

Plastika: Holzmehlmasse, muß vor Gebrauch mit Wasser angerührt und verknetet werden, trocknet an der Luft, geeignet für Köpfe, auch sehr große; muß nach dem Trocknen mit Sandpapier geschliffen werden.

So wird ein Kopf modelliert (in unserem Beispiel aus Pronto): Ausgangsform ist ein etwa faustgroßer Klumpen, den wir zu einer glatten Kugel formen. Durch seitliches Drücken arbeiten wir Kinn, Wangen und gegebenenfalls Backenknochen grob heraus. Dann die Nase aus einem neuen Stück Modelliermasse formen und andrücken, an den Rändern gut verschmieren. Mit einem Modellierholz kann man Mund und Lippen sowie Nasenlöcher gestalten.

Die Augenhöhlen werden in Höhe der Nasenwurzel mit dem Daumen eingedrückt. Ohren kann man ansetzen, falls eine Kurzhaarfrisur gewünscht wird.

Hinter den Ohren und unter dem Kinn wird je eine Drahtschlinge verankert; hier befestigt man später die Kopffäden, beziehungsweise den Körper. Die Drahtschlingen erhalten die Form einer »9«. Wichtig ist jedesmal der Winkel am unteren Ende; er soll verhindern, daß der Draht aus dem Kopf herausrutscht. Immerhin hat der Kinndraht das Gewicht des ganzen Puppenkörpers zu tragen. Die Drahtschlingen sitzen endgültig fest, wenn die Masse getrocknet ist.

Alle Gesichtspartien werden jetzt geglättet, dann beabsichtigte Runzeln und Falten eingefügt. Ein sorgfältiges Glätten ist wichtig, damit beim Trocknen keine unschönen Risse entstehen. Einen aus Pronto modellierten Kopf sollte man zirka 3 Tage bei Zimmertemperatur hart werden lassen; dabei von Zeit zu Zeit wenden. Bei anderen Materialien ist die jeweilige Gebrauchsanweisung maßgebend.

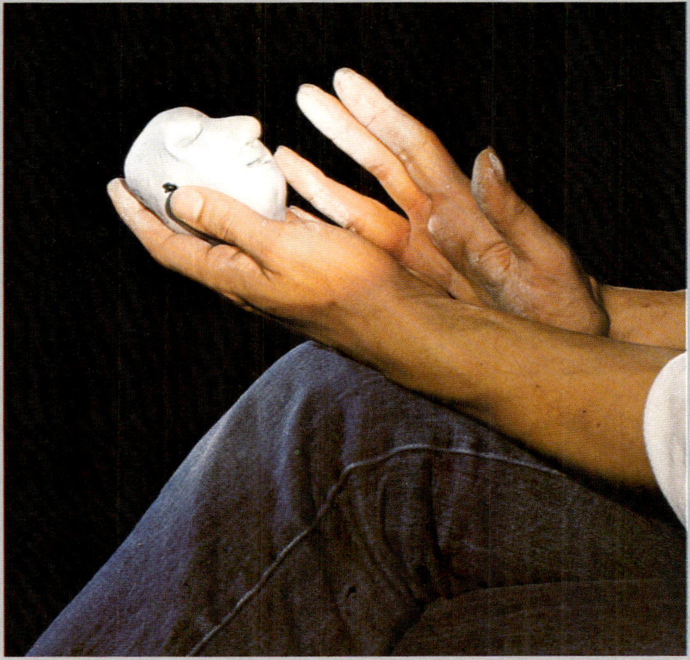

Hände und Füße

Für die Hände eignet sich am besten Fimo; die Finger lassen sich damit leichter formen. Fimo muß man gut weichkneten. Zirka 40 Gramm werden zu einem etwa 1 cm starken Fladen ausgewalzt und in die Form eines Fausthandschuhs gebracht. Mit einem Küchenmesser schneiden wir die Finger aus. Jetzt die grobgeformte Hand genau in der Mitte (wie eine Fleischtasche) halbieren. Das ist nicht ganz leicht, denn rechte und linke Hand sollen gleich groß werden. Wenn es nicht beim ersten Mal gelingt, kann man mit dieser Masse immer wieder neu beginnen.
Nun werden die Finger einzeln geformt. Am Handgelenk wird auch wieder eine Drahtschlinge miteingefügt. Dann erst die ganze Hand in die endgültige Form bringen. Mit einer Stecknadel kann man jetzt schon ein Loch durch die Hand bohren; hier wird später der Faden befestigt. Das Loch sollte sich etwa in der Mitte der Handfläche befinden, sitzt es zu weit an

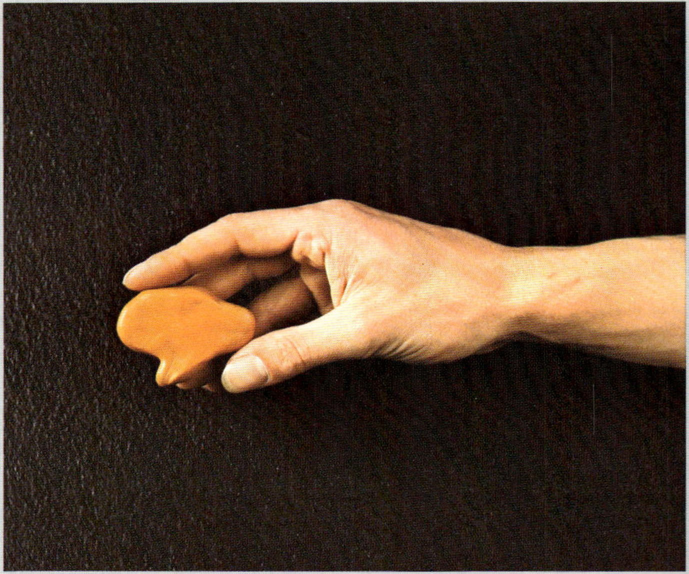

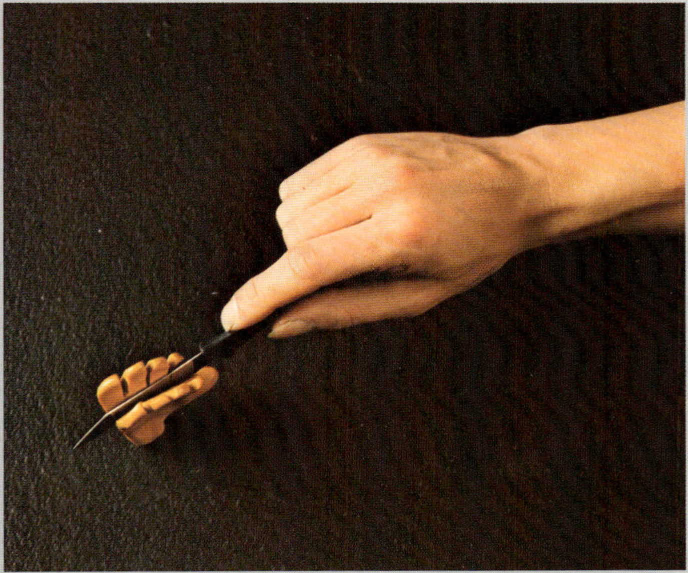

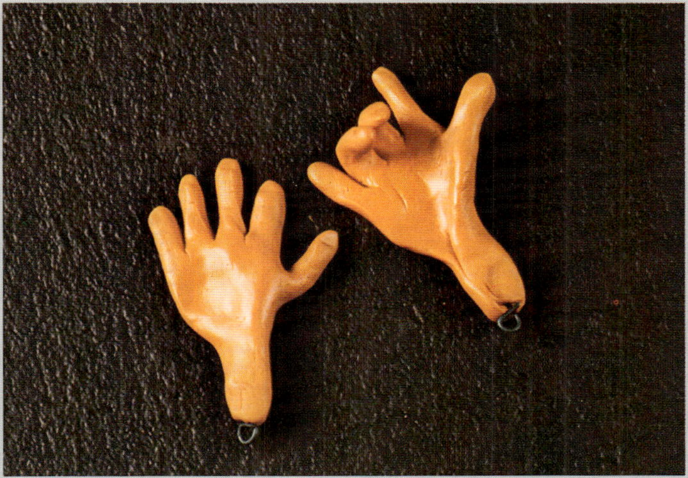

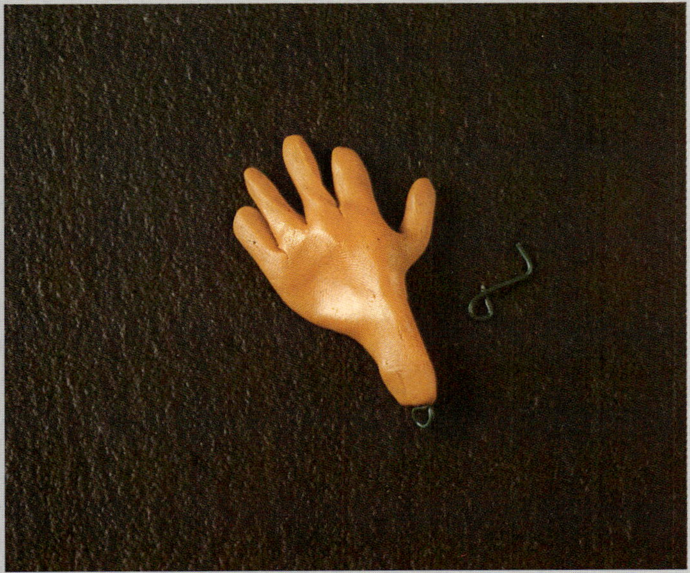

den Fingerspitzen oder zu weit am Handgelenk, ergeben sich später unnatürliche Bewegungen.
Ist auch die zweite Hand fertig, können sie gebrannt werden (20 Minuten bei 150 Grad Celsius). Im Ofen werden die Hände mit Silberpapier unterstützt, damit sie während des Brennvorgangs ihre Form behalten.
Nun noch ein Wort zu den Füßen. Wir fertigen sie nicht aus Modelliermasse, weil diese sich schlecht an den Unterschenkeln befestigen läßt. Für die Füße verwenden wir Holz. Zum Beispiel kann man sie aus einem Stück Sperrholz aussägen oder, was natürlich sehr gut aussieht, aus einem massiven Stück Holz herausfeilen. Allerdings darf das Holz nicht zu hart sein. Die meisten Füße der in diesem Buch gezeigten Figuren sind aus einer Dachlatte mit grober und feiner Raspel gefertigt.

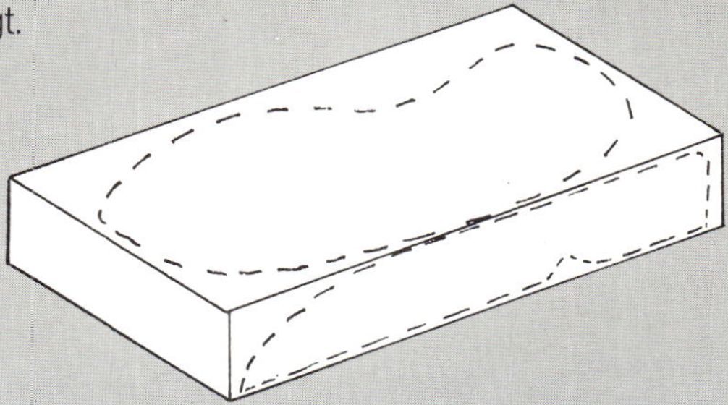

Bemalen eines modellierten Kopfes

Wenn Kopf und Hände einer Puppe fertig sind, können wir mit dem Bemalen beginnen, denn Kopf und Hände sollten die gleiche Grundfarbe haben.
Geeignet sind alle wasser- und wischfesten Farben (Acryl-Mattfarbe, Kunstharzmattlack und ähnliches). Grundsätzlich ist darauf zu achten, daß wegen der Fernwirkung kräftige Farben benutzt werden. Es empfiehlt sich, neu gemischte Farben erst einmal auf einen glatten Karton aufzutragen und trocknen zu lassen. Nur dann kann man den endgültigen Farbton beurteilen.
Zunächst wird der gesamte Kopf, bis auf die Haupthaarpartien, mit einer Farbe grundiert, die der Farbe der späteren Figur entspricht. Eine rote Nase oder rote Wangen können auf die noch feuchte Grundfarbe aufgetragen werden. Die

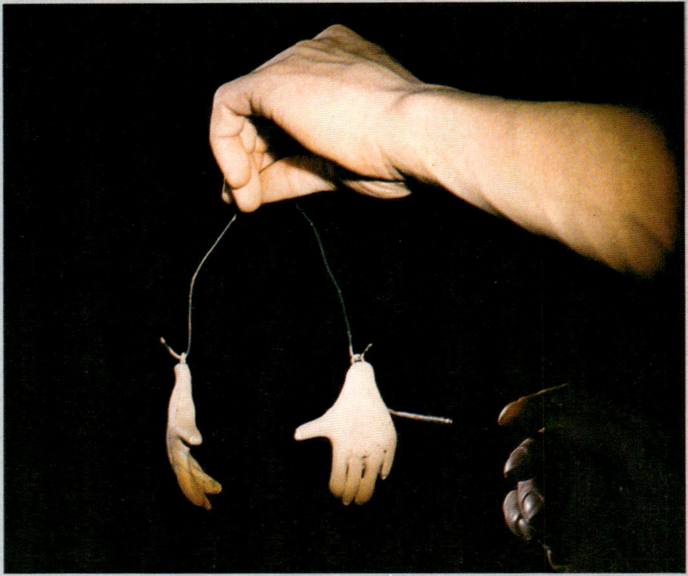

Hände erhalten die gleiche Grundfarbe; zum Trocknen werden sie an den Drahtschlingen aufgehängt.
Der nächste Schritt ist das Bemalen der Augen. Schön groß wird das Weiß der Augen aufgetragen, wenn die Grundfarbe getrocknet ist. Auch die Lippen können jetzt bemalt werden, ebenfalls die Fingernägel.

Ist das Weiß der Augen trocken, setzen wir Iris und Augenlider auf. Bei diesem Arbeitsgang bekommen die Augen ihre endgültige Form und damit Ausdruck. Ganz zum Schluß sind Pupille und Wimpern an der Reihe.
Unser Köpfchen sieht schon recht munter aus, wir müssen es nur noch zum Friseur schicken.

Frisuren und Bärte

Wolle oder Fellreste sind für Frisuren gut geeignet. Ein Stück Fell passend zurechtzuschneiden ist wegen des Haarverlaufs (Strich) gar nicht einfach; leichter ist es mit den längeren Zotteln eines Schaffells.
Um eine Perücke aus Wolle herzustellen, schneiden wir eine gute Handvoll 5 bis 6 cm langer Fäden. Diese kleben wir halbkreisförmig nebeneinander, vom Nacken ausgehend bis zum Scheitel. Hierbei ist darauf zu achten, daß die Drahtschlingen verdeckt werden. Als letztes folgen die Stirnhaare. Mit einer Schere wird die Frisur in Form gebracht.
Lustig ist auch eine Lockenkopffrisur. Dazu muß man die Wolle, die man für den Lockenschopf verwenden will, erst einmal verstricken (und zwar nur rechte Maschen). Dann wird die Wolle gedämpft, gebügelt und wieder aufgezogen. Jetzt verfährt man in der vorhin beschriebenen Weise.
Man sollte die Wollfäden von vorneherein etwas länger lassen, kürzen kann man sie immer noch. Für eine Zopf- oder Pferdeschwanzfrisur muß man ohnehin längere Fäden verwenden.
Zum Schluß bringen wir die Augenbrauen und Barthaare an. Sie werden mit Pattex oder etwas ähnlichem aufgeklebt.

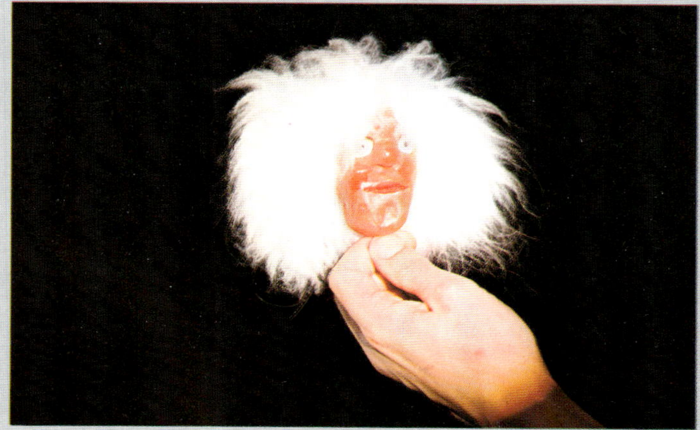

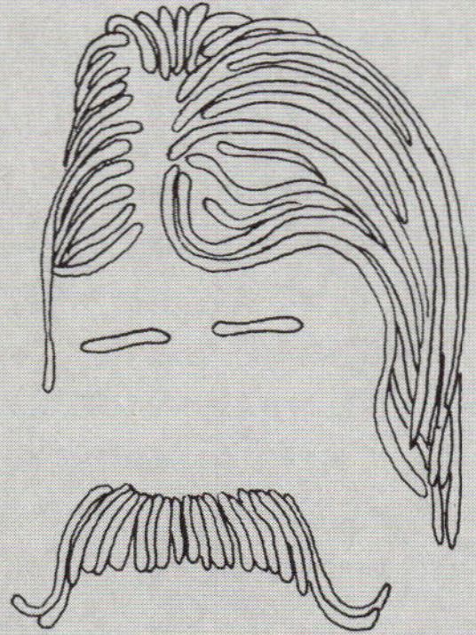

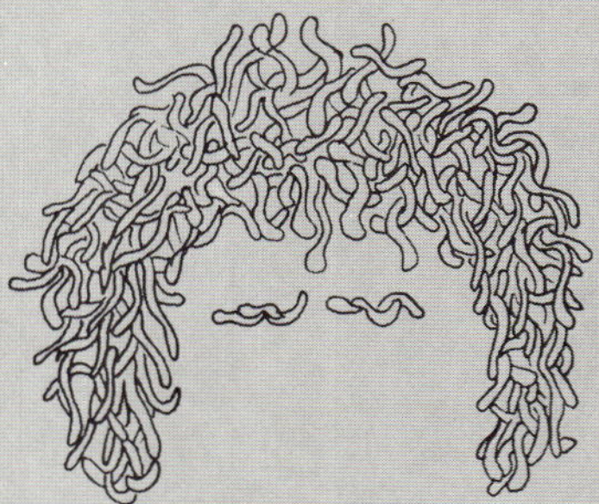

Geschnitzte Köpfe aus Astholz

Das Modellschnitzen aus Holzklötzen erfordert eine gehörige Portion handwerkliches Können. Anfänger auf dem Gebiet des Schnitzens sollten sich zunächst die Kerbschnitzerei zu eigen machen. Für diese Technik genügen auch schon 3 verschiedenartig geformte Schnitzmesser. Sie werden Kerbschnitzeisen genannt.

Das erste Werkstück ist im Wald zu finden. Ein knorriger Ast von zirka 5 bis 6 cm Durchmesser kann nämlich schon das Material für Holzköpfe liefern. Der Ast wird in 8 bis 9 cm lange Stücke geschnitten. Jetzt muß das Holz vor der Weiterverarbeitung erst einmal trocknen; denn Holz hat die Eigenschaft, sich noch längere Zeit nach dem Schnitt zu verändern. Es arbeitet, Bretter können sich verbiegen, Klötze können Risse bekommen.

Nach der Ablagerung nun läßt sich die Rinde – falls gewünscht – mit einem einfachen Messer leicht entfernen. Dann werden Augenhöhlen, Mund und andere Details mit den Schnitzeisen herausgekerbt. Man kann auch ganz lustige Gesichter gestalten, indem man kleine Äste einarbeitet.

Bei der Gestaltung von Frisuren, Bärten und auch Kleidung sollte man Materialien wählen, die in Farbe und Beschaffenheit zu dem rohen Astholz passen.

Als Haar eignet sich Bast, für die Kleidung verwendet man grobes, naturfarbenes Leinen, Rohseide oder Rupfen (dieses allerdings nur als Kleider oder Umhänge, denn die Beweglichkeit der Beine darf nicht beeinträchtigt werden).

Hat man erst einen Kopf aus Astholz hergestellt, macht es bestimmt Spaß, eine ganze Familie herzustellen. Die Hände und Füße dieser Puppen kann man aus kleinen Holzscheiben basteln, die Körper fertigt man genau wie bei den anderen Gliedermarionetten mit Gelenken.

Weitere Tips und Anleitungen für geschnitzte Köpfe findet man in dem Buch »Hobby Holzschnitzen«, das im gleichen Verlag erschienen ist.

Verschiedene Techniken, um Puppenkörper herzustellen

Bleiband-Puppenkörper ohne Gelenke

Die Faszination, die von einer Marionette ausgeht, wird durch die Beweglichkeit der Glieder bewirkt. Eine ganz einfache Möglichkeit ist die Herstellung der Puppenkörper aus Bleiband, wie es zum Beschweren von Gardinen benutzt wird. Der Körper bekommt seine Stabilität, indem man einen Dübelstab von etwa 16 cm Länge benutzt. Stab und Bleibänder werden mit Klebeband umwickelt.

Mit Holzkugeln verschiedener Größe (1 Stück mit 3 cm Durchmesser und 4 Stück mit 2 cm Durchmesser) kann man ganz einfach Kopf, Hände und Füße gestalten. Diese Holzkugeln haben bereits durchbohrte Löcher, man kann also ganz leicht den Dübelstab, beziehungsweise die Bleibandenden in die Löcher leimen. Sollte das Bleiband in den Kugeln zu viel Spiel haben, so wird es mit Isolierband umwickelt, bis die gewünschte Stärke erreicht ist.
Die Führungsfäden kann man auch gleich an den Kugeln befestigen, indem man sie durch die Löcher zieht.

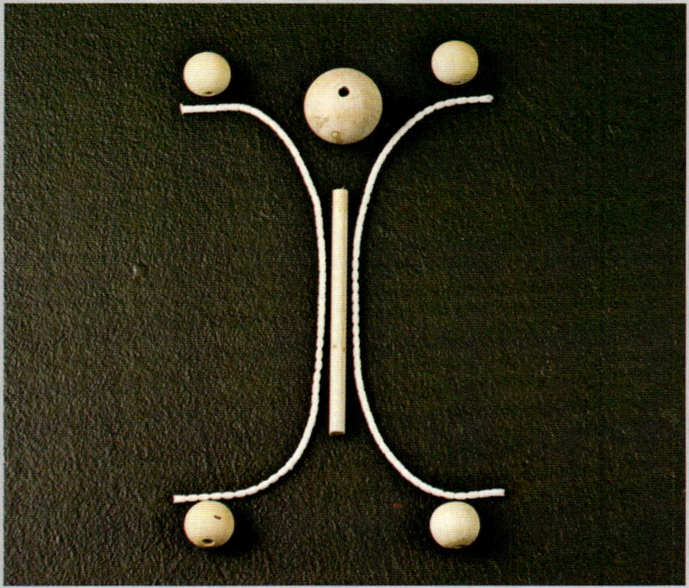

Gliedermarionetten mit Gelenken

Um den Körper für eine anspruchsvolle Marionette herzustellen, brauchen wir eine ganze Menge Material und Werkzeug. Hier eine Material- und Werkzeugliste für eine Marionette von zirka 40 bis 50 cm Größe: Dachlatte 2 x 4 cm, Vierkantholz 1 x 1,5 cm, Dübelholz 1 cm Durchmesser (da man diese Hölzer am preiswertesten meterweise kauft, hat man gleich das Material für mehrere Puppen parat. Auch Schrauben kauft man in größeren Schachteln, das ist günstiger.), Schrauben Rundkopf 3,5 x 1,8, Ringschrauben 4 x 12, starker Draht zirka 3 mm Durchmesser, eine Bohrmaschine, 4-mm-Bohrer, 3-mm-Bohrer, 2-mm-Bohrer, Feinsäge, Holzraspel, Holzfeile, Kneifzange, Flachzange, Stichling, Schraubenzieher, Schraubstock, Hammer, große und kleine Nägel, Holzleim und Pattex.

Manch einer mag erschrecken bei dieser großen Liste, jedoch sind diese Werkzeuge für viele Zwecke im Haushalt zu verwenden und für einen Heimwerker unentbehrlich.

Welche Gelenke soll unsere Puppe nun bekommen? Da die Gelenke alle Bewegungen eines Menschen nachvollziehen sollen, müssen wir sie so gestalten, daß bestimmte Bewegungen möglich, andere unmöglich sind. Zum Beispiel das Knie. Um das Prinzip eines »Scharniergelenks« nachzuvollziehen, gibt es mehrere Möglichkeiten. Zum Beispiel mit Nut und Feder. Wie man dieses Gelenk baut, kann man auf dem Foto erkennen; es ist nicht ganz leicht zu bewerkstelligen, aber dafür recht haltbar.

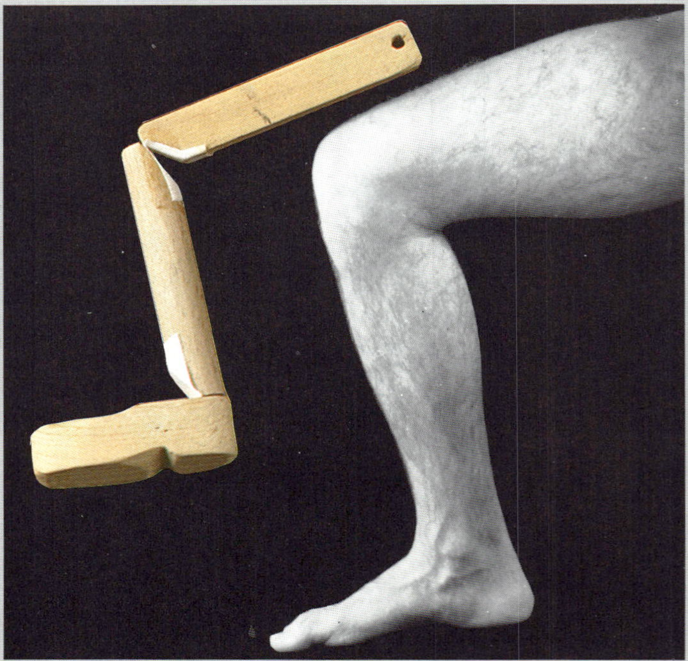

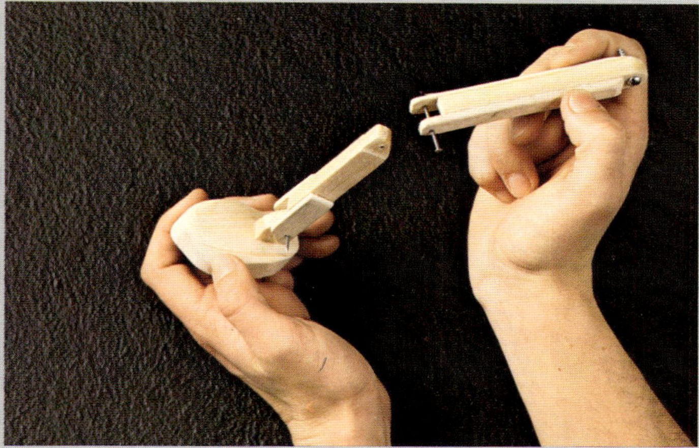

Einfacher ist die Verwendung von Leinen- bzw. Halbleinenbändern oder von dünnem Ziegenleder. Solche Gelenke müssen zwar von Zeit zu Zeit nachgeleimt werden, erfüllen jedoch voll und ganz ihren Zweck. Man bekommt dieses Material preiswert in der Kurzwarenabteilung der Warenhäuser. Die Holzteile für den Körper werden jetzt entsprechend der Zeichnung zugeschnitten.

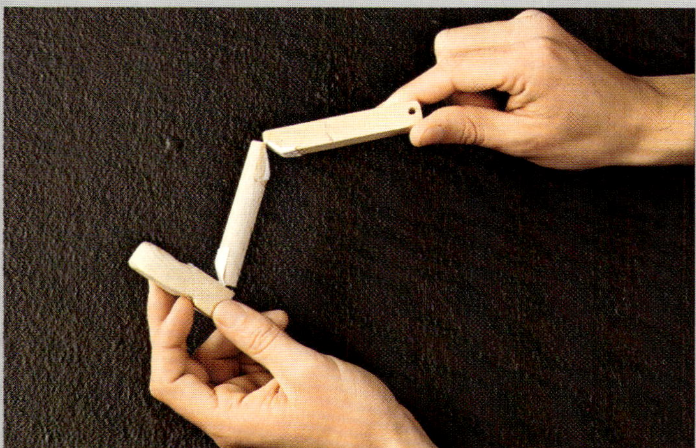

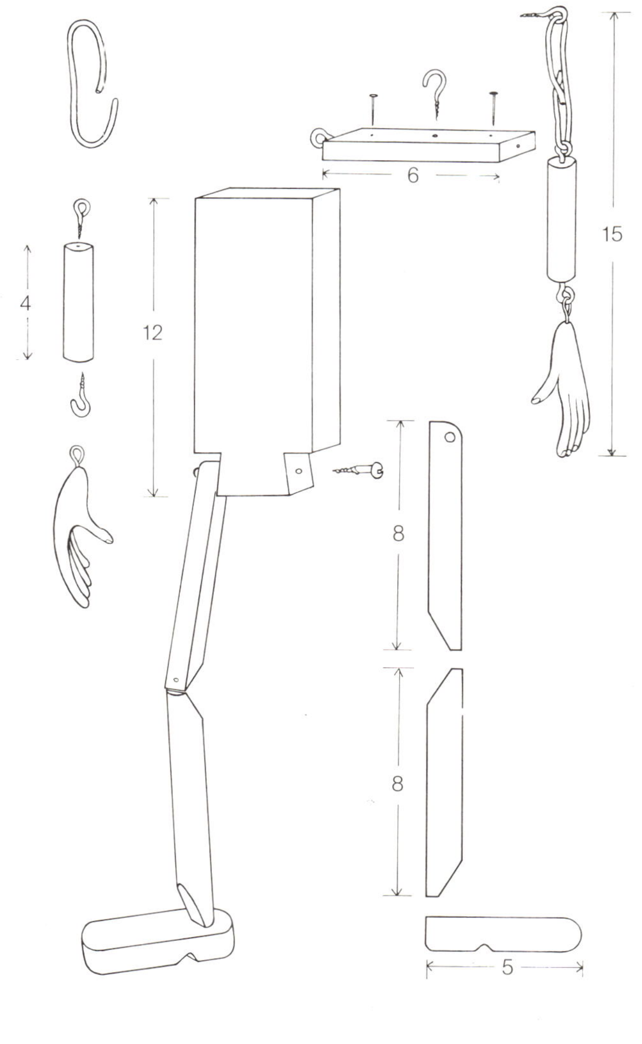

Maßangaben in cm

Ober- und Unterschenkel werden zum Abschrägen in einen Schraubstock gespannt. Auf diese Weise vermeidet man jede Verletzungsgefahr.
Die Füße werden, wie bereits gesagt, aus Sperrholzbrettchen ausgesägt oder aus Dachlattenholz geraspelt. Dabei ist es zweckmäßig, die Holzstücke für beide Füße zusammen in den Schraubstock einzuspannen. So erhalten die Füße eine annähernd gleiche Form.

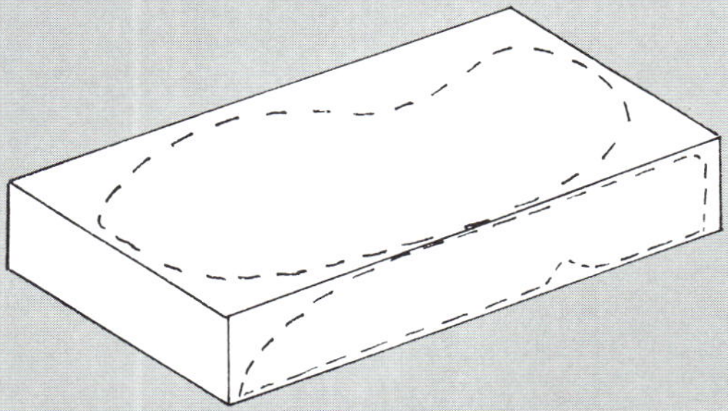

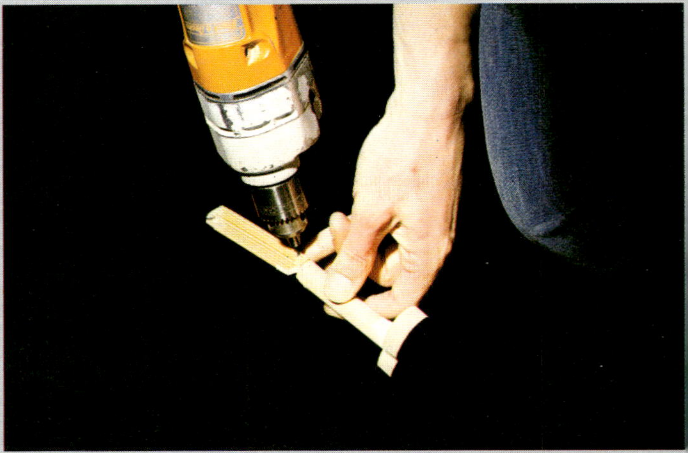

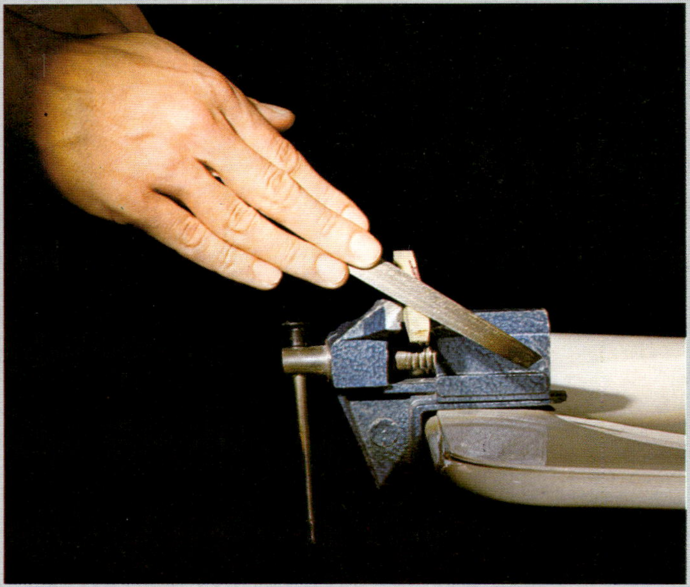

Bevor die Beine an den Körper geschraubt werden, müssen Füße, Unterschenkel und Oberschenkel miteinander verbunden werden. Die Leinenstreifen leimt man mit Pattex fest auf die abgeschrägten Teile (Klebstoff-Gebrauchsanweisung beachten). Wichtig ist die richtige Beweglichkeit; der Unterschenkel darf sich nur nach hinten bewegen lassen, nicht seitlich verdrehen. Der Fuß darf sich nur nach oben bewegen.
Nicht zu vergessen ist die Bohrung am Knie, hier wird später der Beinfaden befestigt. Um auch bei dieser Arbeit die Verletzungsgefahr einzuschränken, sollte man das Werkstück in einen Schraubstock einspannen.
Die Oberarme lassen sich aus starkem Draht biegen. Die Ringschrauben an den Unterarmen und die am Hals werden

mit der Kneifzange vorsichtig aufgebogen und erst, wenn die Puppe fix und fertig angezogen ist und Kopf und Hände eingehängt sind, mit der Flachzange wieder zugedrückt. Die Maße lassen sich natürlich individuell verändern, aber man achte darauf, daß die Proportionen erhalten bleiben.
Der »Goldene Schnitt« einer Marionette unterscheidet sich ein wenig von dem eines Menschen. Kopf und Hände dürfen ruhig größer sein, denn sie sind die wichtigsten Ausdrucksmittel, die der Puppe zur Verfügung stehen.
Jetzt werden der Kopf und die Hände probeweise eingehängt, um die Beweglichkeit aller Glieder zu überprüfen. Lassen sich alle Glieder bewegen? Pendeln die Beine locker und fallen sie in ihre Ausgangsstellung zurück? Dann können wir unser Skelett zum Schneidermeister schicken.

Kleider machen Leute

Materialien und Schnittmuster

Die Kleider sind ein wichtiger Bestandteil bei der Gestaltung einer Puppe. Sie unterstützen den Ausdruck des Gesichts und tragen damit zur Wirkung einer Marionette bei.
Jeder Puppenschneider sollte sich zunächst mit der Stoffauswahl beschäftigen.
Als Material für Kostüme eignen sich eigentlich alle Stoffreste. Nur für Hosen muß man Stoffe verwenden, die nicht zu fest gewebt, nicht zu dick oder appretiert sind, da sie sonst die Bewegungsfreiheit der Beine beeinträchtigen können. Besonders geeignet sind dünne Baumwollstoffe (alte Hemden), ausgewaschene weiche Jeans, Feincord-Stoffe, T-Shirts, Strümpfe und ähnliches. Futterstoff und Satin haben sich durch ihren Glitzereffekt bei Beleuchtung bestens bewährt.
Auch Farbe und Musterung spielen bei der Auswahl eine Rolle. Großflächige Muster sind zu vermeiden, denn bei einem Miniaturkostüm haben sie keine Wirkung. Die Farben müssen mit dem gewünschten Typ der Marionette harmonieren, man muß also auch Kleidung und Haarfarbe aufeinander abstimmen.
Alle Modellschnitte in diesem Buch sind verkleinert abgebildet. Will man sie verwenden, so ist ein 1-cm-Raster anzufertigen. Dann werden die Schnitteile übertragen; ein Karo in der Zeichnung entspricht im Original 1 cm. Nicht zu vergessen ist eine Nahtzugabe von 1 cm.

Nähanleitungen

Auf den folgenden Seiten wird die Herstellung verschiedener Kleidungsstücke für Gliedermarionetten in einzelnen Arbeitsschritten genau erklärt. Hat die Durchführung erst einmal geklappt, lassen sich diese Kenntnisse leicht auf andere Modelle übertragen.

Nähanleitung Hose:
Ist der Hosenschnitt auf das 1-cm-Raster übertragen, wird das Hosenteil vielmal zugeschnitten. Dazu heftet man den Papierschnitt mit Stecknadeln auf dem Stoff fest, gibt 1 cm Nahtzugabe und schneidet entlang der Umrißlinie (siehe Abbildung).
Als nächstes legt man je 2 Stoffteile rechts auf rechts (das bedeutet, mit der Musterseite zunächst nach innen) und näht den Schritt zusammen (siehe Abbildung Mitte oben). Wer es exakt machen will, der streicht die Nähte von der rechten Seite mit einer Fingerkuppe glatt.
In der Abbildung oben rechts sieht man, wie beide Hosenhälften zusammengenäht werden – Stoff wiederum rechts auf rechts legen und beide Außenkanten zusammennähen. Nähte glattstreichen!
Um ein unbeabsichtigtes Ausfransen des Stoffes zu vermeiden, versäubert man jetzt zunächst die Hosenbeine. Der Stoff wird zirka 5 mm nach innen geschlagen und festgenäht (siehe Abbildung unten rechts).
Um die Hose fertigzustellen, muß man nur noch die inneren Beinnähte schließen. Nach dem Wenden sollte wiederum das Glattstreichen der Nähte nicht vergessen werden (siehe Abbildung Mitte unten).

Maßangaben in cm

Vorder- und
Rückenteil

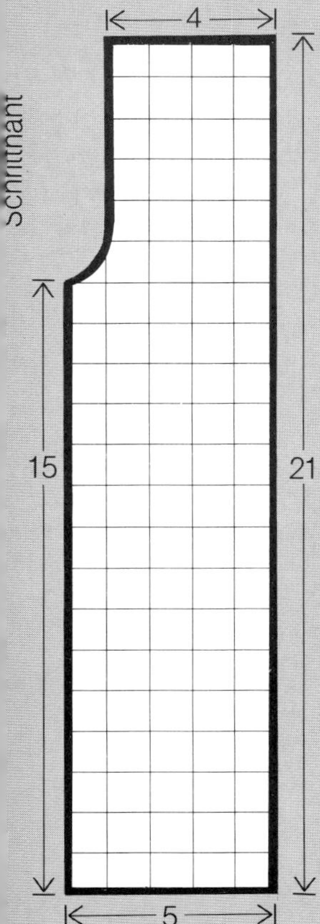

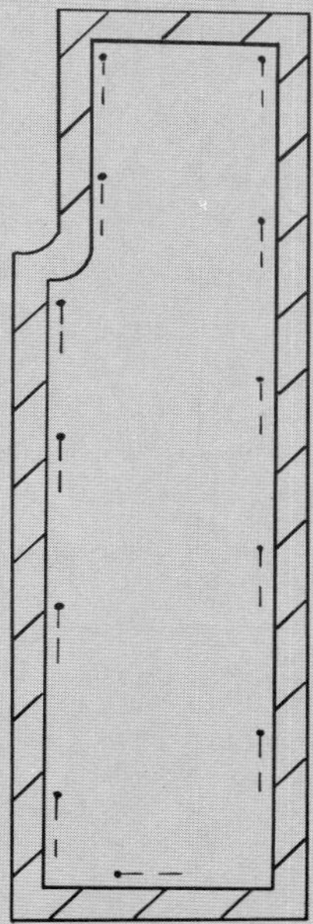

Zuschneiden eines Hosenteils

Schließen der Schrittnaht

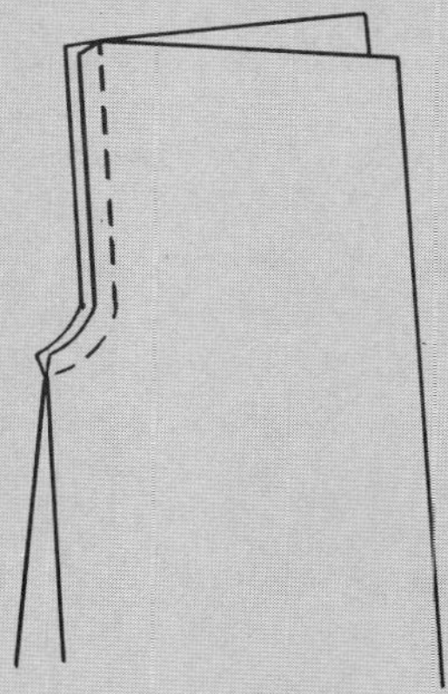

Schließen der äußeren Hosenbeinnähte

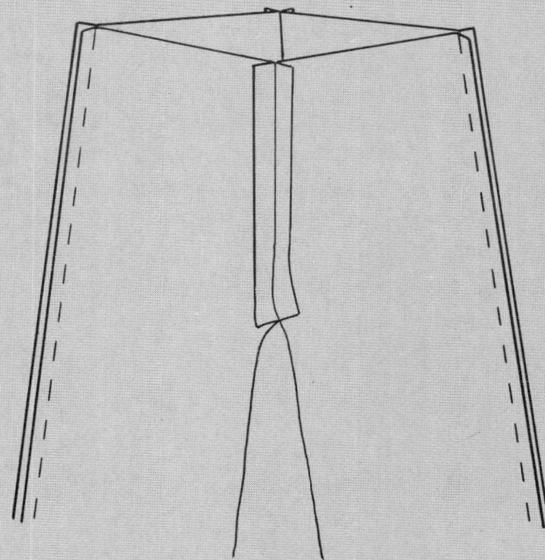

Versäubern der Hosenbeine

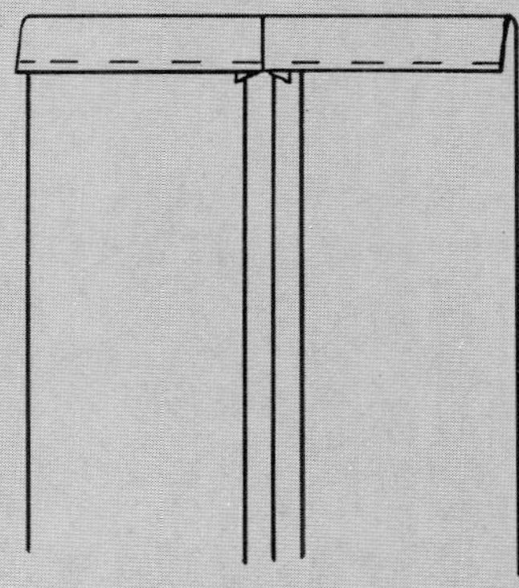

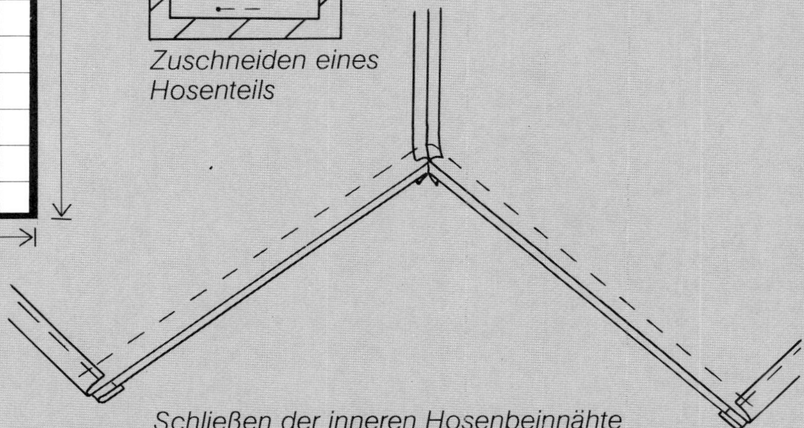

Schließen der inneren Hosenbeinnähte

Hier noch ein paar Tips für geübtere Näher: Die Machart von Hosen kann man beliebig variieren, sei es durch aufgesetzte Taschen, andersfarbige Stepplinien oder weitere oder engere Hosenbeine. Dabei ist allerdings zu beachten, daß die Bewegungsfreiheit der Beine nicht beeinträchtigt wird.

Hosenanzug

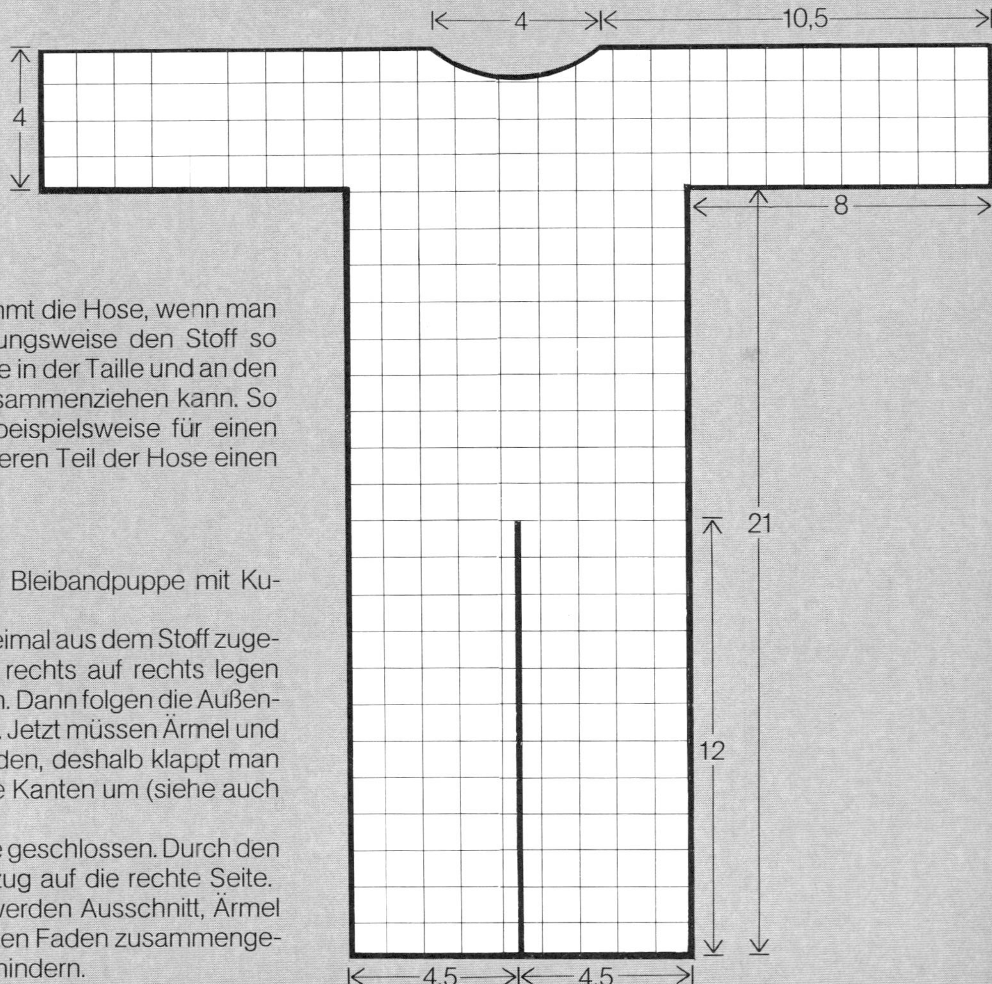

Ein ganz anderes Aussehen bekommt die Hose, wenn man den Schnitt so verbreitert, beziehungsweise den Stoff so breit zuschneidet, daß man die Hose in der Taille und an den Hosenbeinen mit einem Faden zusammenziehen kann. So entsteht eine lustige Pumphose, beispielsweise für einen Clown. Weiterhin kann man am oberen Teil der Hose einen Latz mit Trägern anbringen.

Nähanleitung Anzug (für unsere Bleibandpuppe mit Kugelkopf):
Das übertragene Schnitteil muß zweimal aus dem Stoff zugeschnitten werden. Beide Stoffteile rechts auf rechts legen und die Schultern zusammennähen. Dann folgen die Außennähte an Ärmeln und Hosenbeinen. Jetzt müssen Ärmel und Hosenbeine unten versäubert werden, deshalb klappt man den Stoff auseinander und näht die Kanten um (siehe auch »Nähanleitung Hose«).
Zum Schluß werden die Innennähte geschlossen. Durch den Halsausschnitt dreht man den Anzug auf die rechte Seite. Nach dem Ankleiden der Puppe werden Ausschnitt, Ärmel und Hosenbeine mit einem reißfesten Faden zusammengezogen, um ein Verrutschen zu verhindern.

Nähanleitung Weste:

Auf den Abbildungen (links und rechts unten) sind die Schnitteile für eine Weste zu sehen. Danach schneidet man das Rückenteil einmal, das Vorderteil zweimal zu. Nahtzugabe nicht vergessen.
Hat man die Vorderteile und das Rückenteil wiederum rechts auf rechts zusammengelegt, wird die Weste an den Schultern zusammengenäht. Um die Armausschnitte zu versäubern, sollte man sie jetzt umnähen oder mit Zick-Zack-Stich känteln. Dies muß nicht unbedingt mit der Nähmaschine geschehen, eine Handnaht mit farbigem Garn verleiht der Weste eine besondere Note. Anfänger sollten für die erste Weste Filz verwenden; bei diesem Material entfällt jedes Versäubern, da Filz nicht ausfranst. Zum Schluß näht man noch die Seitenteile zusammen, dann ist die Weste fertig.

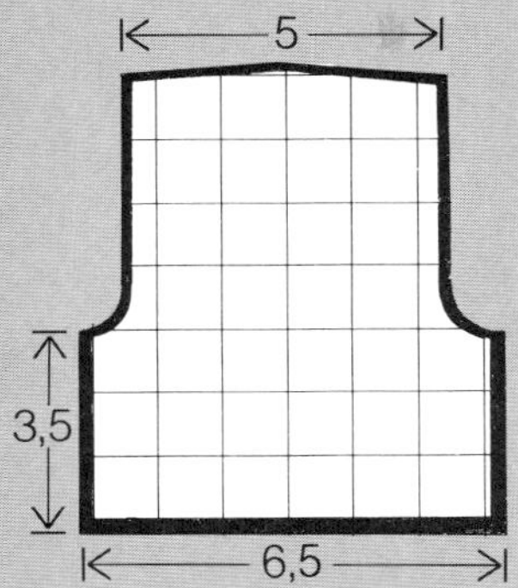

Rückenteil

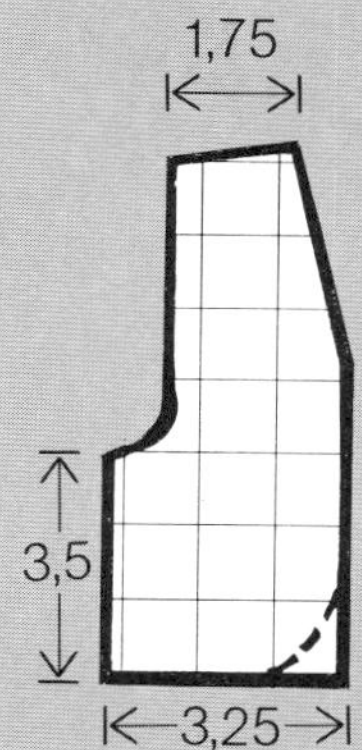

Vorderteil

Maßangaben in cm

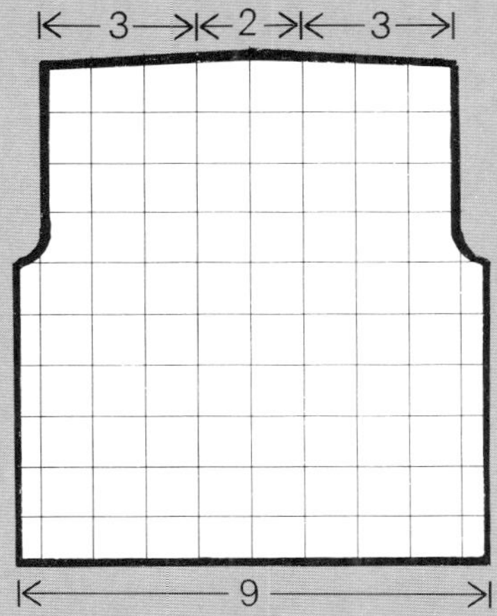

Vorder- und Rückenteil

Ärmel

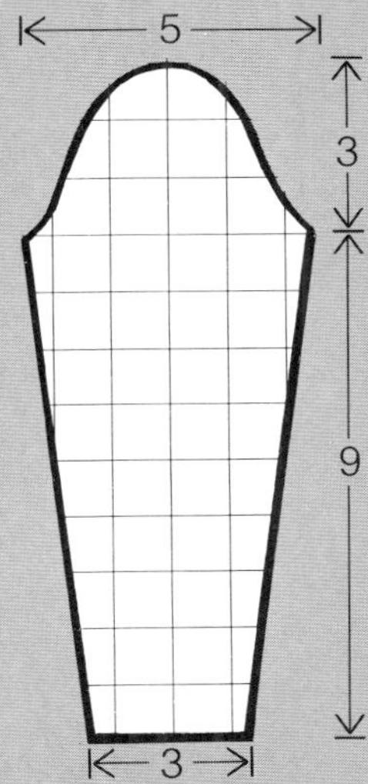

Nähanleitung Hemd:

Das Nähen eines Hemdes erfordert schon etwas mehr Geschicklichkeit, da hier zusätzlich Ärmel eingesetzt werden. Schnitteile übertragen und beide Teile, Vorder- und Rückenteil sowie Ärmel, je zweimal aus Stoff zuschneiden. Nahtzugabe beachten!
Vorder- und Rückenteil werden rechts auf rechts zusammengelegt, auch hier wiederum als erstes die Schultern zusammennähen. Dabei eine zirka 1 cm große Öffnung für den Hals lassen. Stoff auseinanderklappen und die Ärmel in die Armausschnitte einpassen. Hierbei ist es unbedingt notwendig, daß man vor dem Nähen die Stoffteile mit kleinen Stichen heftet, um ein Verrutschen zu vermeiden. Die Kanten der Ärmel werden versäubert, wie bereits beschrieben.
Hat man beide Außennähte geschlossen, kann man das Hemd wenden und auch die untere Kante versäubern.

Nähanleitung Jacke:

Nach dem Vergrößern des Schnitts wird das Rücken- und das Kragenteil je einmal, das Vorderteil zweimal zugeschnitten. Auch hier ist wieder die Nahtzugabe zu beachten. Der Ärmelschnitt ist der gleiche wie beim Hemd.
Um einen richtigen Reverskragen arbeiten zu können, muß man die im Vorderteil eingezeichneten Belege ebenfalls zweimal zuschneiden. Hier geht auch gleich die Arbeit weiter. Vorderteil und Beleg rechts auf rechts zusammenlegen und von dem Zeichen »*« ab an der vorderen Kante zusammennähen. Genauso verfährt man mit dem zweiten Vorderteil. Nun Rückenteil und Vorderteile an den Schultern zusammennähen, dabei die Belege nicht miteinnähen.
Der Kragen wird an der gestrichelten Linie zusammengeklappt und an den beiden schrägen Seiten zugenäht. Ist der Kragen auf die rechte Seite gedreht, stößt man die Ecken mit einer stumpfen Nadel nach außen. Der Kragen kann jetzt an die Jacke angenäht werden. Zwischen Vorderteil und Beleg befindet sich ja noch ein Schlitz, hier wird der Kragen eingeschoben. Er ist vor dem Nähen unbedingt mit kleinen Stichen festzuheften, sonst kann er verrutschen, und die ganze Mühe wäre umsonst. Nach dem Festnähen des Kragens wendet man die Belege und stößt die Reversecken ebenfalls mit einer stumpfen Nadel nach außen.
Nun kann man die Ärmel, wie in der »Nähanleitung Hemd« beschrieben, einsetzen, die Seitennähte schließen und die untere Kante der Jacke umnähen. Die umgeklappten Reversecken halten besser, wenn man sie leicht bügelt.
Knöpfe näht man zweckmäßigerweise erst nach dem Ankleiden der Puppe an; dabei läßt sich gleichzeitig die Jacke fest verschließen.
Natürlich gehören zu einer richtigen Jacke auch Taschen, die man jetzt aufnähen kann.
Verlängert man Vorder- und Rückenteil dieses Schnitts, ergibt sich eine Nähanleitung für einen Mantel.

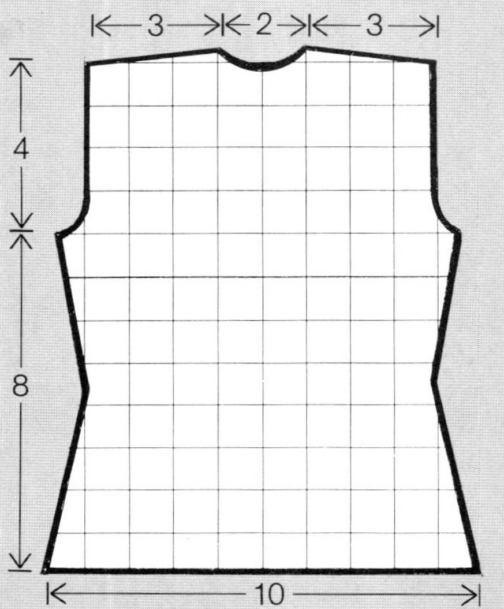

Rückenteil

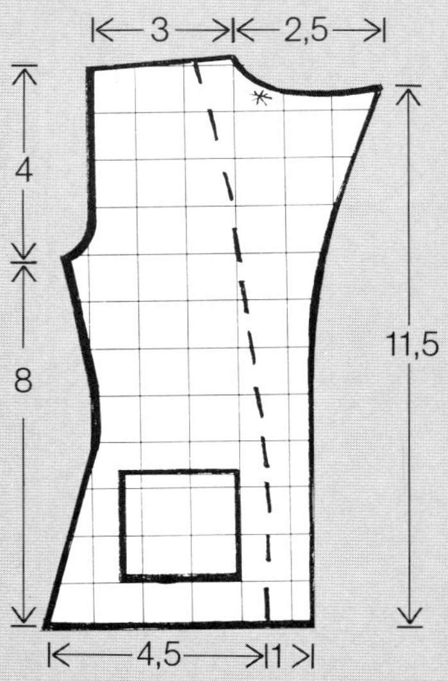

Vorderteil

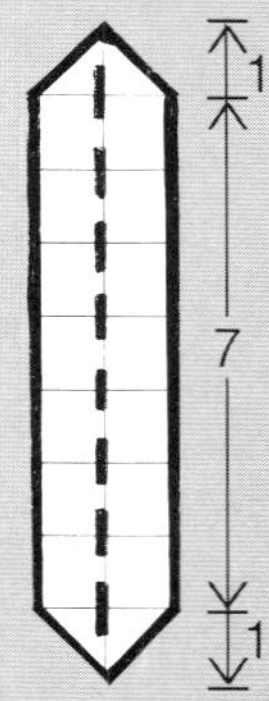

Kragen

Vorder- und Rückenteil

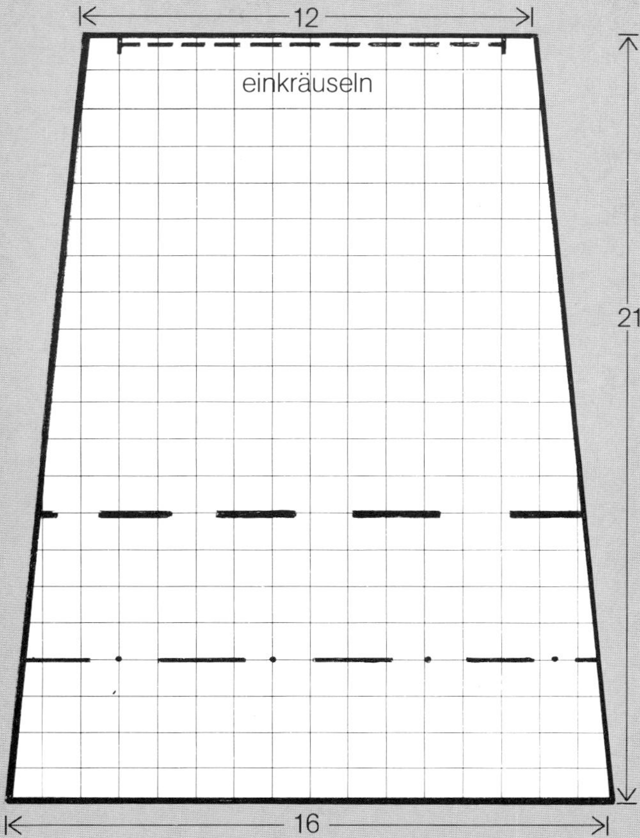

Nähanleitung Kleid:

Für die Anfertigung eines Kleides oder gar einer Jacke benötigt man schon einige schneidertechnische Fertigkeiten. Man sollte sich nicht scheuen, einen Fachmann oder eine Fachfrau um weiteren Rat zu fragen.

Das Rockteil wird nach der Vergrößerung des Schnitts zweimal in der gewünschten Länge (gestrichelte Linie) aus dem Stoff zugeschnitten. Und wieder die Nahtzugabe beachten!

Auch das Oberteil und die Ärmel je zweimal zuschneiden. Oberteile und Ärmel näht man in gleicher Art zusammen, die Fertigung wurde bei der »Nähanleitung Hemd« beschrieben. Bevor man jedoch die Seitennähte schließt, näht man zunächst die Rockteile einzeln an Vorder- und Rückenteil. Die Rockteile müssen zuvor mit kleinen Heftstichen auf die entsprechende Weite eingekräuselt werden. Nun kann man die Seitennähte schließen und als letztes den Rock umnähen. Natürlich kann auch diese Nähanleitung variiert werden, indem man zum Beispiel Borten aufsetzt, Knöpfe oder Spitzen anfügt oder gemusterte Stoffe mit einfarbigen kombiniert. Genauso läßt sich die Form der Ärmel verändern (siehe gestrichelte Linie).

Wenn beim Zuschneiden das Oberteil weggelassen wird, ist dies gleichzeitig eine Nähanleitung für einen Rock.

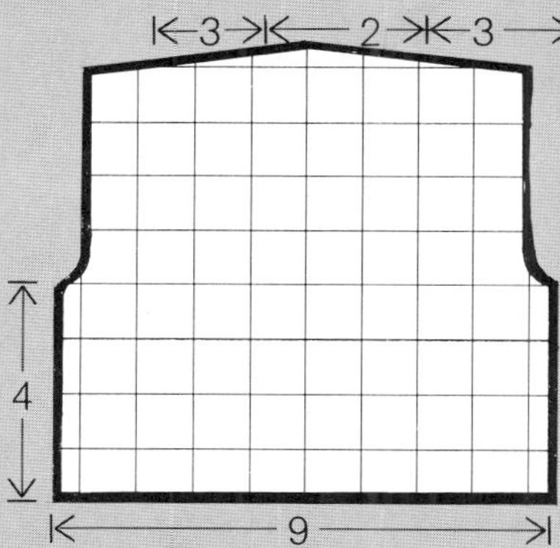

Oberteil

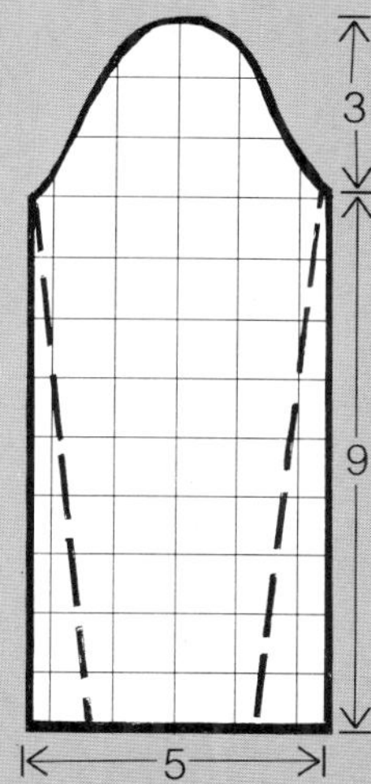

Ärmel

Maßangaben in cm

Beim Verkleinern von Gegenständen, also dem Fertigen en miniature, muß man zwangsläufig auch besondere Werkzeuge benutzen, beziehungsweise solche erst einmal herstellen. Ein echtes Hilfsmittel für unsere Puppenschneidermeisterin war das im folgenden beschriebene Bügelbrett. Ein Holzklotz (4 x 4 x 8 cm groß) wird auf ein Grundbrett geschraubt und verleimt. Das eigentliche Bügelbrett besteht aus einer Holzleiste (Dachlatte, 15 cm lang). Die Leiste wird vorne zugespitzt und über die ganze Länge mit Sandpapier geglättet. Mit einem Metallwinkel werden beide Teile stabil miteinander verbunden. Fertig ist das Bügelbrett für Marionettenkostüme.

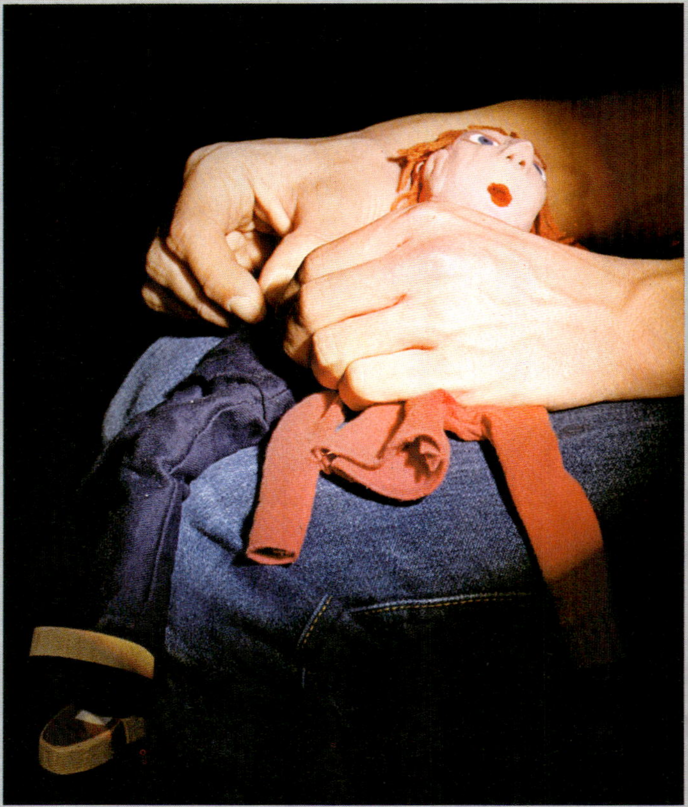

Beim Anziehen der Puppe verfährt man am besten folgendermaßen:
Beine abschrauben, von unten durch die Hose führen und wieder anschrauben. Hände und Kopf abhängen, Hemd und Weste, beziehungsweise Jacke anziehen. Bauch gegebenenfalls mit Papiertaschentüchern ausstopfen. Hose mit Reißzwecken an den Seiten und am Steiß arretieren. Kopf und Hände wieder einhängen, die Ringschrauben mit der Flachzange zudrücken – und unsere Puppe ist fertig für die Fäden.

Wie man die Puppen tanzen läßt

Spielkreuze

Die Anzahl der Fäden ist abhängig von der Bauart des Kreuzes und von den gewünschten Funktionen. Für einfache Puppen (wie unser Clown zum Beispiel) empfiehlt sich ein liegendes Kreuz.

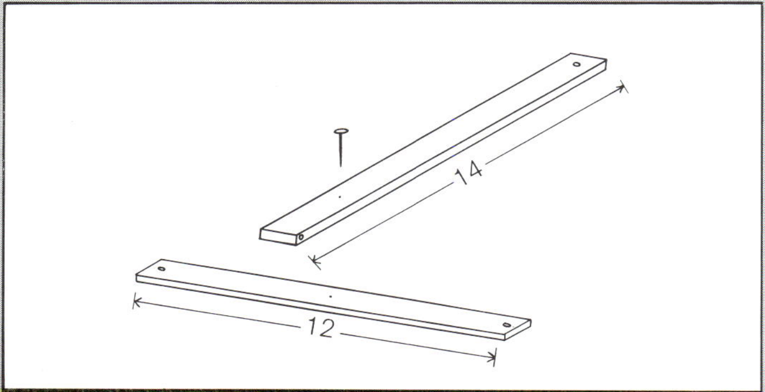

Das Material dazu: Holzleistchen 1 x 0,5 cm, Nägelchen, 2-mm-Bohrer, Holzleim. Durch Bewegen des Kreuzes um die Längsachse lernt unsere Marionette das Laufen. Eine Erweiterung bekommen wir durch den Einsatz einer »Kopfschaukel« und eines »Pofadens«. Diese Art Kreuz ist auch für Gliedermarionetten geeignet. Die Puppe kann jetzt den Kopf

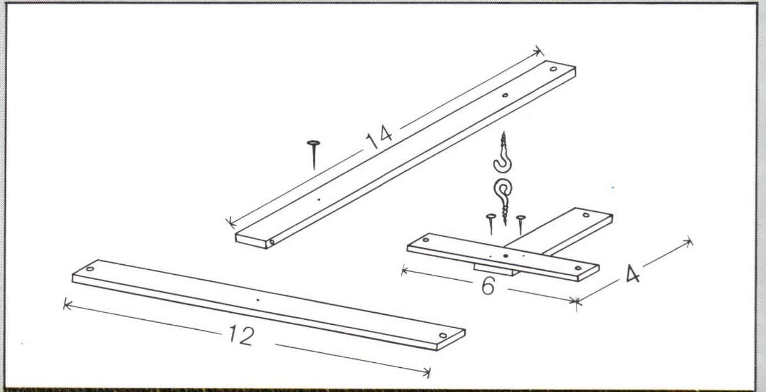

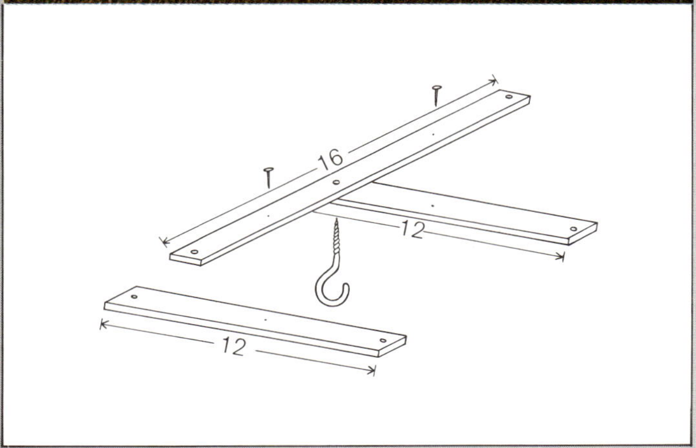

schütteln beziehungsweise neigen, kann sich verbeugen oder sich bücken.
Genauso einfach ist das Kreuz für ein Tier, einen Hund oder ein Pferd zum Beispiel. Zu beachten ist, daß sich die Fäden für die Hinterbeine überkreuzen, damit kein Paßgang entsteht, wie bei einem Kamel.
Etwas komplizierter in der Herstellung, aber auch wirkungsvoller, ist das liegende Kreuz mit Beinwippe.

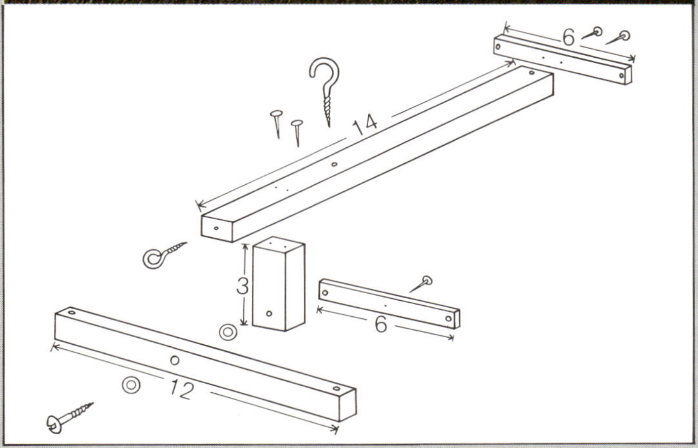

Hier die Materialliste: Vierkantholz 1 x 1 cm, Leistchen 1 x 0,5 cm, 1 Holzschraube, 2 Unterlegscheiben. Durch die zusätzlichen Schulterfäden erhält die Puppe größere Stabilität, das Kopfneigen gelingt noch graziler. Die Notwendigkeit der Beinwippe ergibt sich durch den feststehenden Schulterbalken, denn ein seitliches Neigen des Kreuzes würde die ganze Puppe zum Wackeln bringen.

Eine weitere Möglichkeit ist ein stehendes Kreuz. Die Herstellung ist auch nicht ganz einfach, das Kreuz zeichnet sich aber durch einfache Handhabung aus. Man sollte ausprobieren, mit welcher Art Kreuz man am besten umgehen kann. Jedes Kreuz muß einen Haken oder eine andere Aufhängevorrichtung haben (zum Beispiel eine Schlaufe aus Draht), denn ein sicheres Aufhängen verhindert das Herabfallen der Puppe. Passiert das tatsächlich einmal, verdreht sich das Kreuz mit Sicherheit, die Fäden verwirren sich – und meistens hilft dann nur noch die Schere und neues Knüpfen. Wie die Fäden angebracht werden, zeigt das nächste Kapitel.

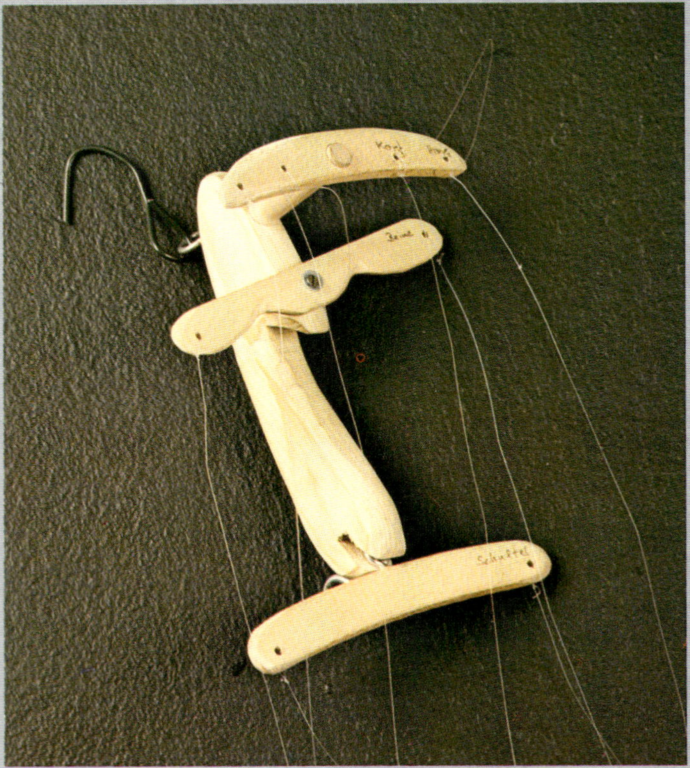

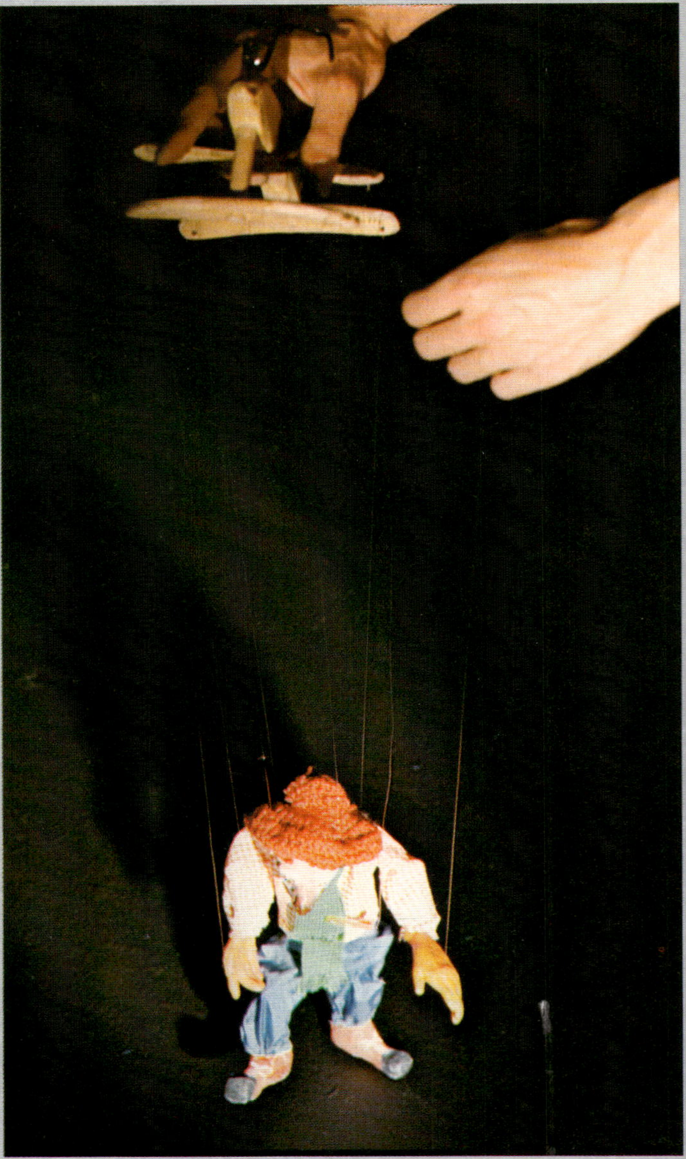

Das Anbringen der Fäden

Bei einer Puppengröße von zirka 45 bis 50 cm empfiehlt sich eine Fadenlänge von ebenfalls 45 bis 50 cm, so daß das Spielkreuz in einer Höhe von etwa 1 m über der Spielfläche gehalten wird. Je größer die Puppen und je länger die Fäden sind, desto größere Ausmaße muß auch die Bühne bekommen, aber von der Bühne wollen wir später sprechen.
Es ist günstig, wenn die Fäden so bemessen werden, daß die Spielkreuze verschiedener Puppen in gleicher Höhe sind. So kann man während des Spiels auch mal zwei Puppen mit einer Hand halten.

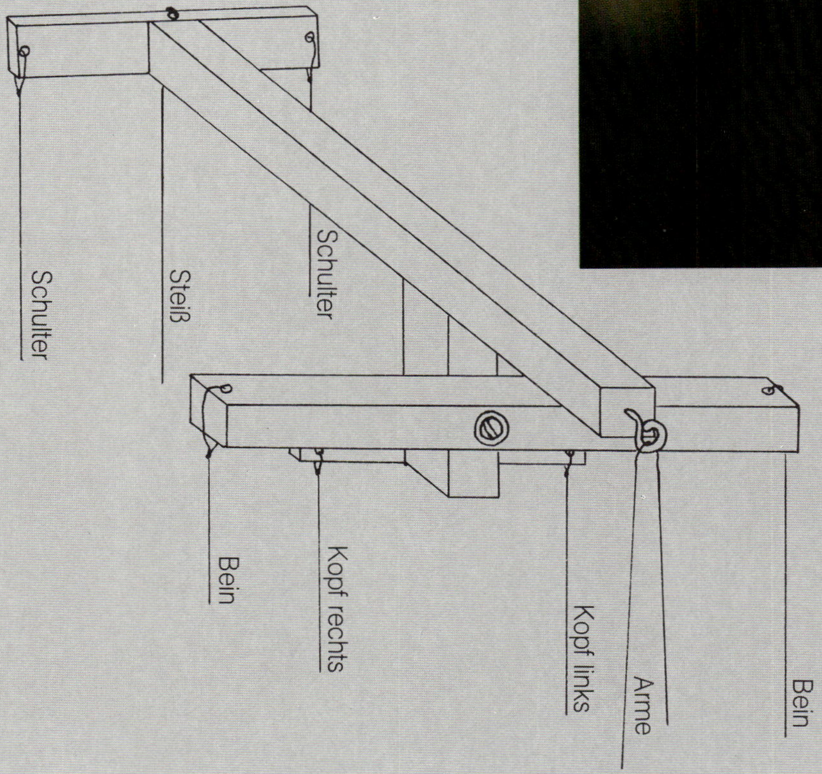

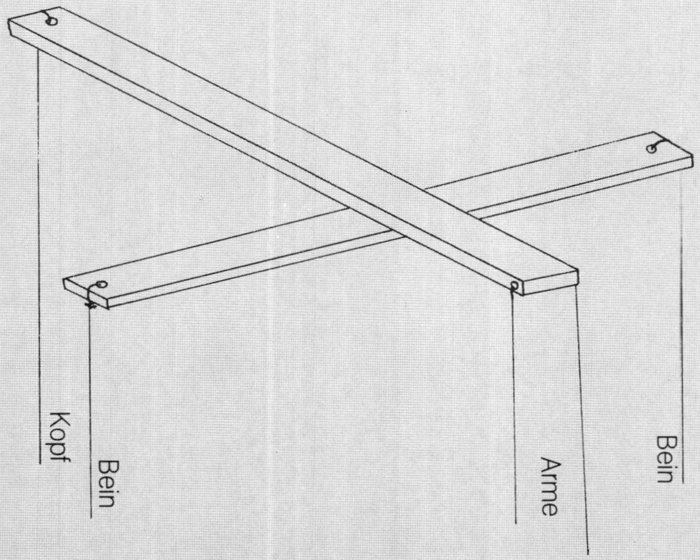
Kopf
Bein
Arme
Bein

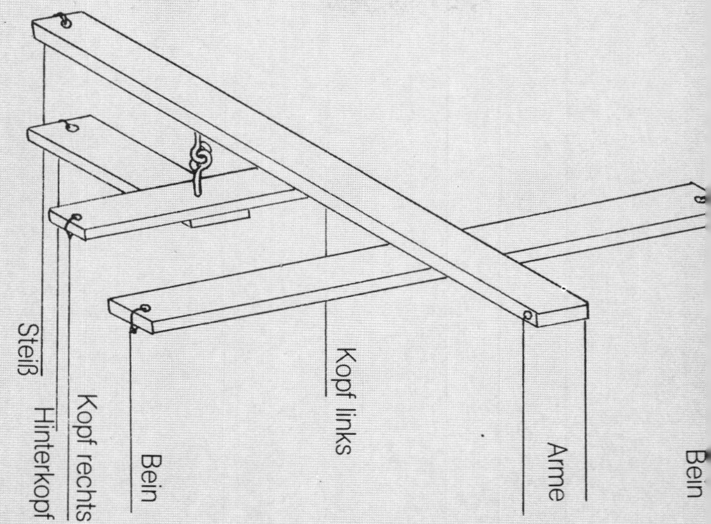
Steiß
Hinterkopf
Kopf rechts
Bein
Kopf links
Arme
Bein

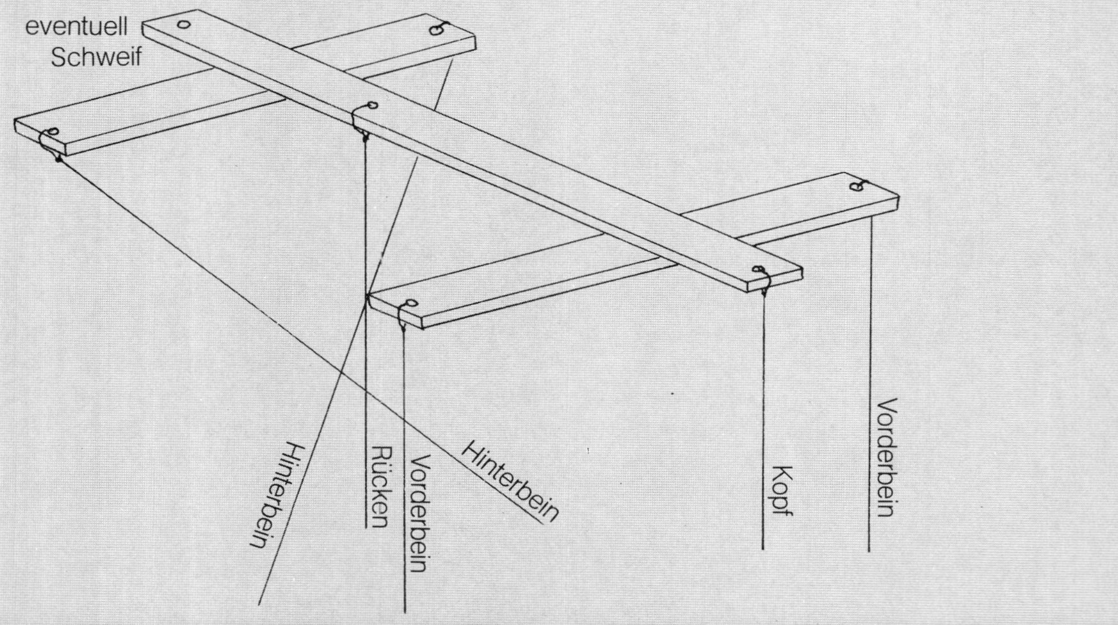
eventuell
Schweif
Hinterbein
Rücken
Vorderbein
Hinterbein
Kopf
Vorderbein

Als Fäden benutzen wir Nylonfäden, auch Deko-Draht genannt, von 0,35 mm Stärke. Ein noch dünnerer Faden kann an den Knotenstellen reißen, einen dickeren Faden sieht man zu deutlich.
Zuerst wird der Kopffaden am Puppenkopf festgeknotet, dann erst am Kreuz. Jetzt kann man die Puppe schon aufhängen: an einer Türklinke, einem Fenstergriff oder einem eigens hierfür angebrachten Haken. Das Abmessen aller weiteren Fäden gelingt nur, wenn die Puppe hängt.
Als nächstes kommen, falls vorgesehen, die Schulterfäden an die Reihe. Man kann den Faden mit Hilfe einer Nähnadel durch die Kleidung hindurch an der Schulterringschraube befestigen, falls die Kleidung sich nicht mehr entfernen läßt.
Nun sind die Beinfäden an der Reihe. Der Faden wird etwas oberhalb des Kniegelenks durch den Hosenstoff gestoßen und unten am Hosenbein herausgefischt. Jetzt den Faden festhalten und das Hosenbein hochkrempeln, den Faden von vorne durch das Knieloch führen und in der Kniekehle einen dicken Knoten knüpfen. Der Knoten muß so dick sein, daß er nicht mehr durch das Loch rutschen kann. Am Kreuz werden die Beinfäden so angeknotet, daß bei waagerechter Kreuzhaltung (waagerechter Beinwippe) die Beinfäden gerade entspannt sind.
Die Armfäden – es ist ja eigentlich nur einer – werden sehr locker geknüpft, dabei »umarmen« sie die Beinfäden, damit die Hände bei seitlichen Bewegungen nicht von den Beinfäden behindert werden.
Zum Schluß kommt der Pofaden. Eine Reißzwecke, die gleichzeitig die Hose hält, gibt dem Faden genug Halt. Nochmals sei erwähnt: Jeder Faden wird erst an der Puppe befestigt, dann am Kreuz. An welchen Stellen die Fäden an den Spielkreuzen angebracht werden, kann man auf den Zeichnungen sehen.
Nun ist die Marionette spielbereit.

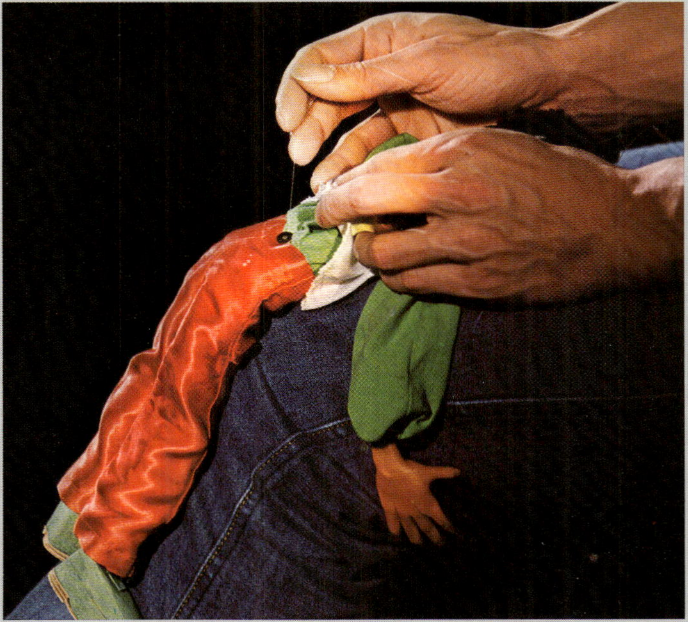

Führung der Puppen

Man hätte dieses Kapitel auch mit »Technik des Spielens« überschreiben können, aber das wäre nicht ganz richtig, denn zum Puppenspielen gehört nicht nur Technik, sondern auch eine Menge Gefühl. Das Gefühl für das Puppenspielen muß jeder selbst bekommen, wir können hier wirklich nur die Technik vermitteln. Deshalb wollen wir jetzt ein paar grundlegende Dinge aufzeigen.
Das Vermögen einer Marionette hängt von ihrer Bauart, dem Kreuz und nicht zuletzt von dem Können des Spielers ab. Die Fotos zeigen einige Handhabungen der Kreuze und die entsprechenden Bewegungen der Puppen.
All diese Bewegungen (und viele mehr) kann man gut vor einem Spiegel üben, den man auf den Fußboden stellt. Dazu »leiht« man der Puppe seine eigene Stimme. Sprache muß bei einer Marionette durch Bewegungen unterstützt werden (Kopf, Arme), die zwar deutlich, aber nicht hastig ausgeführt werden sollten. Hier ein paar Übungen, die man mit seiner Marionette vor dem Spiegel durchführen kann: Gehen lassen, auf einem Bein hüpfen lassen, Hinsetzen (auf eine Schachtel), einen Weg erklären lassen, ein Lied singen lassen usw.

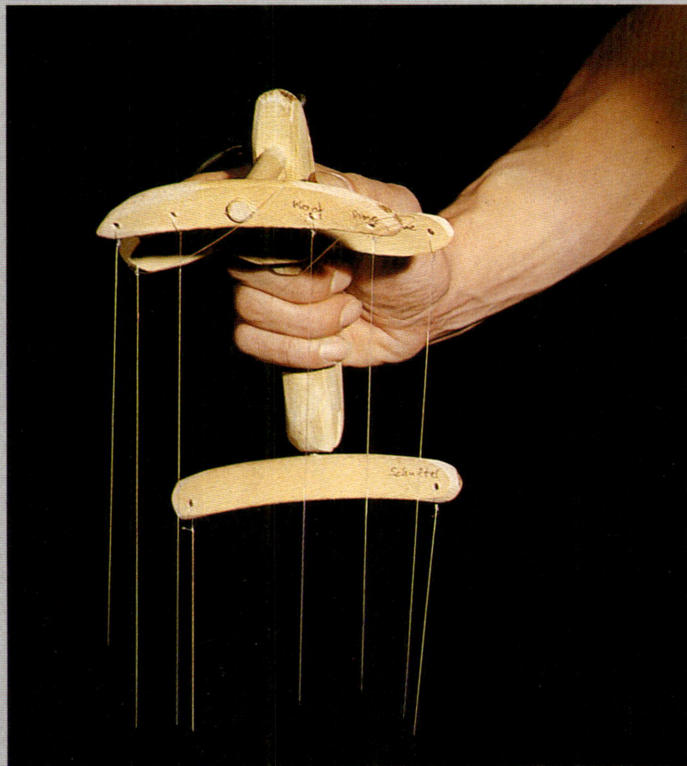

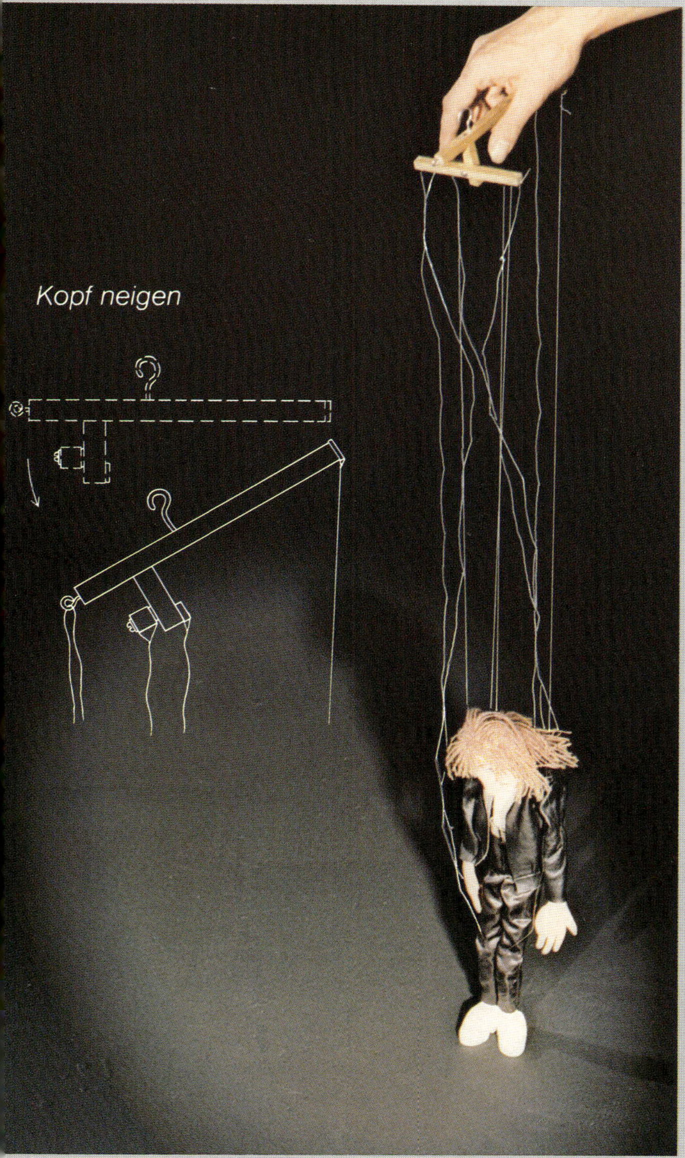
Kopf neigen

Rumpf beugen

Arm bewegen

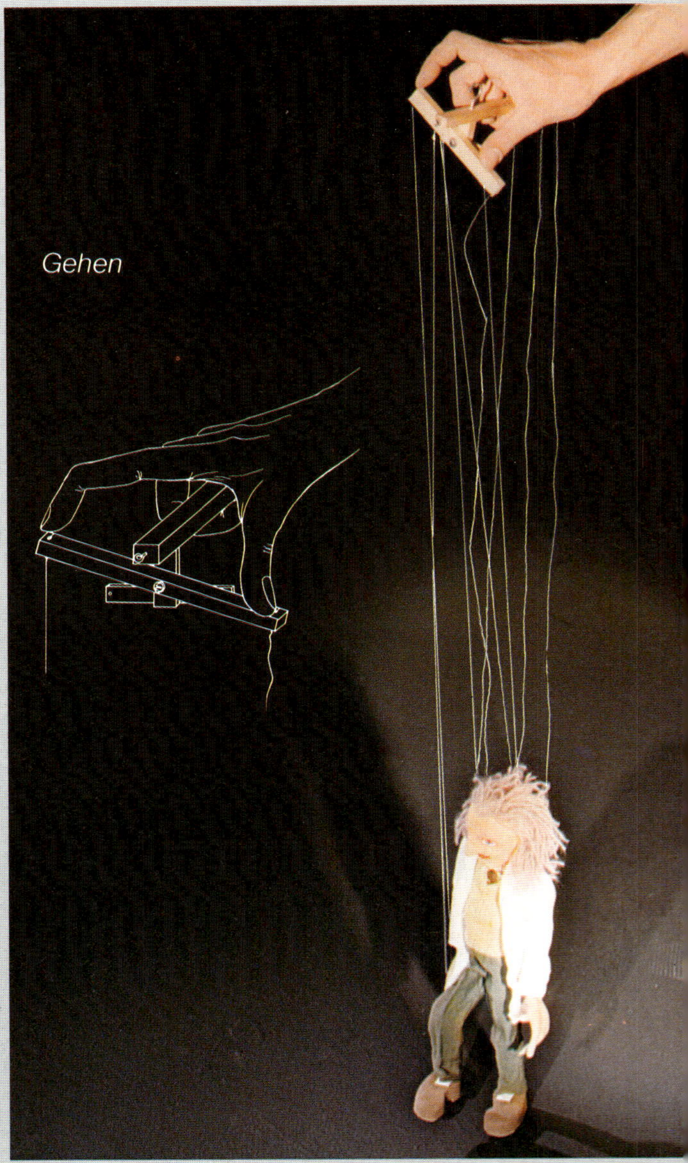
Gehen

Tricks und Kniffe

Interessant für den Zuschauer ist es, wenn die Marionette auf der Bühne Dinge vollbringt, deren Ursprung man auf Anhieb nicht zu durchschauen vermag. Die Puppe geht und agiert, sie hat ein eigenes Leben.
Wir wollen unsere Marionette etwas aufheben lassen, zum Beispiel einen Korb, der auf einem Tisch steht. Dies kann die Puppe wirklich »alleine« ausführen, wenn die Handhaltung geeignet ist. Auf diese Weise kann eine Marionette alle Gegenstände an sich nehmen, die mit einer passenden Schlaufe versehen sind. Diese Schlaufe kann aus Perlonfaden sein. Der Zuschauer wird die Schlaufe gar nicht sehen. Schwieriger ist es mit Gegenständen, die die Puppe nicht »festhalten« kann, oder die sie wegwerfen soll. Dann muß der entsprechende Gegenstand auch mit einem Faden versehen sein und von oben aus bewegt werden.

Hierzu noch zwei Beispiele der Marionettenbühne der Darmstadt Kleinkunst G.m.p.H. (Gesellschaft mit paradoxem Hintergrund) – das ist die Puppenbühne der Autoren –, bei denen Gegenstände von oben bewegt werden:
Der Musiker kommt auf die Bühne, die Gitarre in der Hand. Vor den Augen der Zuschauer nimmt er die Gitarre nach vorne und greift in die Saiten. Während er singt und spielt, klopft er mit dem Fuß den Takt. Dazu sei bemerkt, daß zum Bedienen dieser Figur mit 18 Fäden 3 Spieler nötig sind.

Dieses Beispiel soll nicht abschrecken, sondern ermutigen. Ursprünglich waren für diese Puppe auch nur 9 Fäden vorgesehen, aber beim ersten Spielen und Experimentieren kamen die Ideen, und die eine oder andere Bewegung machte weitere Fäden notwendig. Nur wenn verschiedene Bewegungen gleichzeitig ausgeführt werden sollen, also Fußwippen und Kopfwackeln zugleich, sind mehrere Spieler erforderlich. Auf diese Weise kann der Organist, wie sein großes Vorbild, seine Orgel umwerfen und wieder aufrichten.

Ein weiterer Künstler ist ein Magier, der auf der Bühne eine Kiste öffnet, seine Assistentin hineinlegt, den Deckel schließt und dann die Kiste von oben bis unten durchsägt! Die Kiste und der Deckel sind in Wirklichkeit bereits zweigeteilt, der Deckel wird mit Fäden von oben geöffnet und geschlossen. Die Säge bedient ein weiterer Spieler hinter der Bühne.

Um solche und ähnliche Tricks zu entwerfen und durchzuführen, braucht man schon einen Tüftler und Bastler; aber jeder, der eine Marionette selbst von Anfang bis Ende hergestellt hat, besitzt mit Sicherheit genug Fantasie, Geduld und Witz, um seiner Marionette Kunststücke beizubringen.

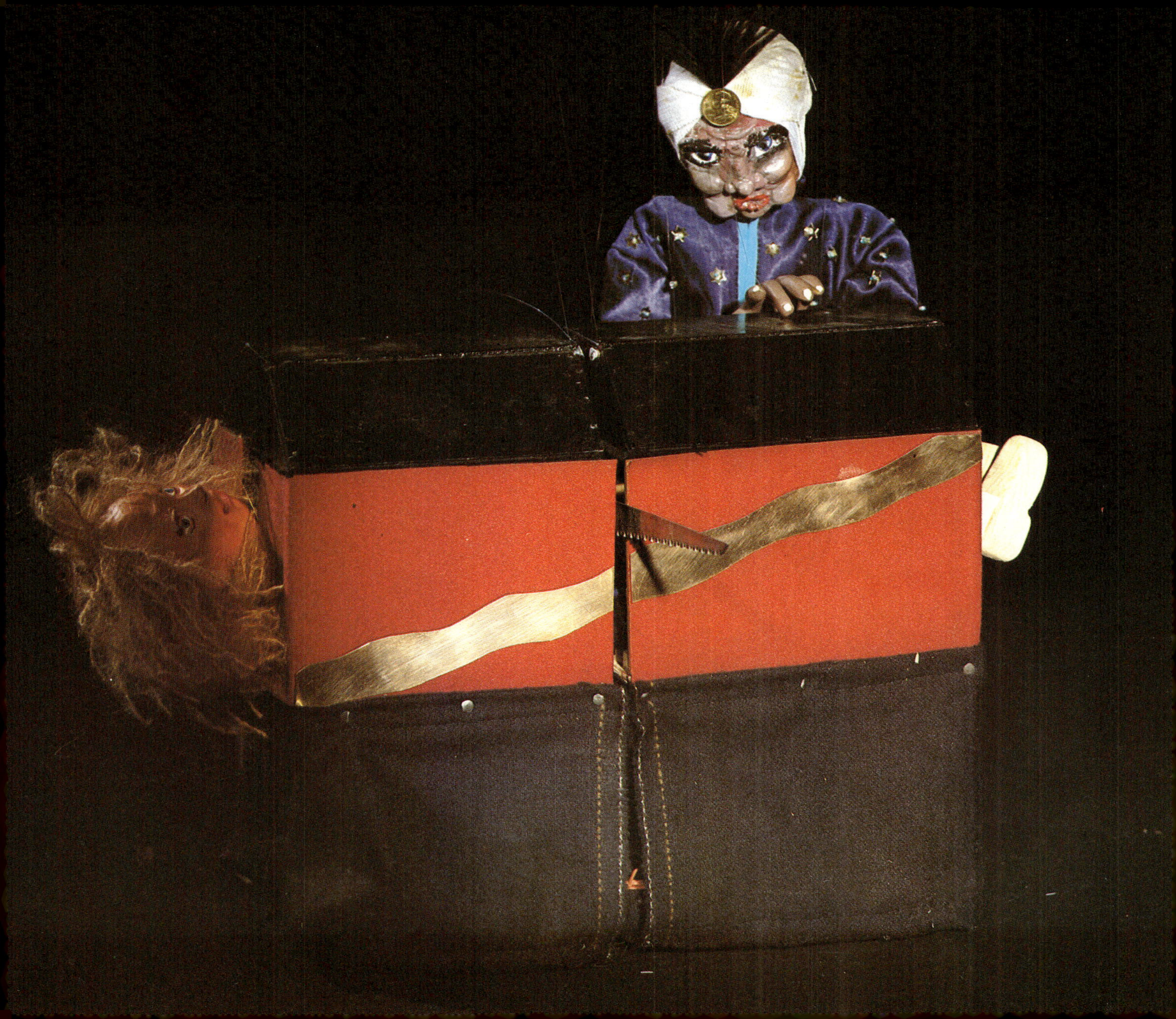

Die erste Vorstellung

Aufbau einer einfachen Bühne zu Hause

Wer das Glück hat, mal einer professionellen Puppenbühne hinter die Kulissen schauen zu dürfen (denn nicht jeder Puppenspieler läßt das zu), der wird sich wundern, vielleicht auch vor dem riesigen technischen Apparat erschrecken. Die Puppenspieler turnen 3 Meter über der Spielfläche auf schmalen Brücken herum, Scheinwerfer, Kulissen, Seile, Kabel hängen in einem mächtigen Gerüst. Diese Puppentheater haben einen Mitarbeiterstab, wie richtige »Menschen«-Theater: Regisseure, Bühnenbildner, Beleuchter, Tonmeister, Requisiteure, nur keine Souffleusen, denn die Sprache der Puppen

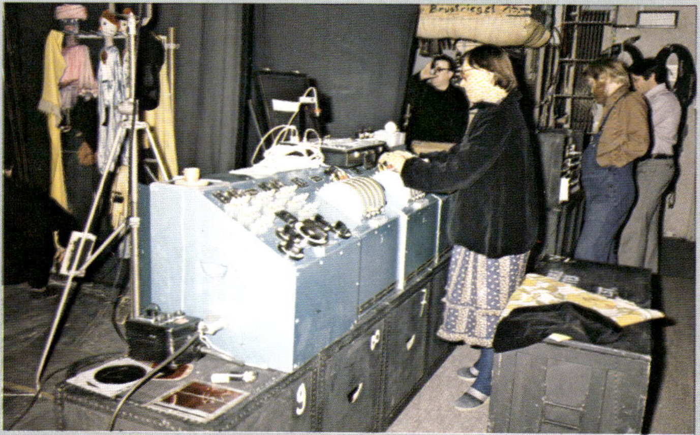

ist, von Schauspielern gesprochen, auf ein Tonband aufgenommen. (Auf dieses Tonband kommen wir noch zu sprechen.)
Kleine Puppentheaterunternehmen und natürlich auch der Laienpuppenspieler zu Hause können mit weniger Personalaufwand auskommen. Der Puppenspieler muß dann alle wichtigen Aufgaben selbst übernehmen. Für den Anfang ist erst einmal eine kleine Bühne ausreichend. Sie soll den Zweck erfüllen, den Puppen einen Spielraum zu geben und den Spieler zu verstecken. Mit einem umgedrehten Tisch in einer Tür, einem Besenstiel und ein paar Tüchern ist ein Bühnchen im Handumdrehen aufgebaut. Eine oder zwei Schreibtischlampen können als Beleuchtung schon ausreichen und sehr effektvoll sein.

Ein Wort zum Bühnenbild. Bühnenbilder sind ganz einfach mit Plakafarbe auf Pappkartons zu malen. Auch dabei ist auf die »Fernwirkung« zu achten. Die Bühnenbilder sehen von nahem oft unansehnlich aus; erst aus der Ferne betrachtet, zeigen sie ihre volle Wirkung. Kräftige Farben und große, einfache Formen sind hierfür notwendig. Der Einsatz von Bühnenbildern und Requisiten sollte sparsam erfolgen, denn der Charakter einer Vorstellung wird immer von der Darstellung der Puppe geprägt. Ein grüner Vorhang wird zum Wald, wenn die Puppe nur deutlich macht, daß sie Blumen pflückt. Der gleiche grüne Vorhang wird zur Mauer, wenn man eine Tür andeutet. Das Spiel geht von der Puppe aus, sie macht das Spiel. Der Fantasie des Zuschauers kann man schon einiges zutrauen.

Tips, eigene Stücke zu entwerfen

Der Entwurf eines eigenen Theaterstücks ist zunächst einmal von der Art und Anzahl der vorhandenen Puppen abhängig. Schon ein Streitgespräch zweier Puppen kann eine in sich geschlossene Szene sein. Auch manche Märchen lassen sich gut nachspielen, wenn die Zahl der Personen nicht zu groß ist und die Handlung genug Raum für wörtliche Rede läßt. Des weiteren bieten sich bereits fertig geschriebene Theaterstücke an. Allerdings ist es schwer, einen Text abzulesen (zum Beispiel klassische Stücke) und gleichzeitig die Puppe zu führen. Für solche Fälle gibt es zwei Möglichkeiten. Entweder man läßt den Text von anderen Personen sprechen, die auch hinter der Bühne stehen, oder (und dieses Mittel benutzen viele Puppenbühnen) man spricht den Text vorher auf ein Tonband und bewegt bei der Aufführung die Puppen dazu. Dabei kann man gleich Musik und Geräusche einmischen. Der Nachteil dieses »Playback«-Spiels ist die spielerische Einengung, der Spielverlauf ist genau vorgegeben, ein Improvisieren unmöglich. Pannen darf es nicht geben. Aber allein das Herstellen eines solchen Tonbandes macht eine Menge Spaß.

Für den Anfänger ist es am einfachsten, mit selbstgesprochenen, improvisierten Texten zu beginnen. Wir wollen an dieser Stelle einmal den Verlauf einer kleinen Szene entwikkeln.

Zunächst müssen wir folgende Punkte klären: Wie viele Puppen stehen zur Verfügung? Was stellen sie dar? Wie viele Spieler sind vorhanden? Fällt schon jemandem etwas ein? Vielleicht kann man eine Szene, ein Gespräch nachspielen, das sich in der Familie oder am Arbeitsplatz zugetragen hat. Oder wir denken uns eben etwas Neues aus. Der Opa könnte gut einen Kaufmann abgeben, die Frau mit dem Kopftuch will etwas einkaufen, die dritte Figur kommt später hinzu.

Wenn bei drei Figuren auch drei Spieler zur Verfügung stehen, können alle Figuren optimal bewegt und gesprochen werden, niemand muß eine Doppelrolle spielen. Jetzt bekommen die Figuren ihre Charakterzüge: Der Kaufmann hat ohnehin ein grimmiges Gesicht, er ist schlecht gelaunt, vielleicht hat er nicht ausgeschlafen. Die Frau mit dem Kopftuch ist schwerhörig, und weil sie Dialekt spricht, kann sie der Kaufmann seinerseits nicht verstehen. Die dritte Figur ist in Eile und möchte schnell bedient werden. Durch Wortspielereien und Mißverständnisse kann man eine Menge Witz in der Szene unterbringen. Und das Auftreten der eiligen Person kann eine Menge Tempo in das Geschehen bringen. Zur Lösung des Konflikts wird man vielleicht noch eine vierte Person ins Spiel holen, die Frau des Kaufmanns zum Beispiel; sie bedient alle Kunden richtig und beruhigt ihren Mann.

Dieser kurze Dialog soll als Beispiel genügen; wenn man solch eine Szene weiterspinnt, kommen beim Improvisieren die herrlichsten Ideen.
Szenen, die den Alltag darstellen, aber auch viele Märchen, kann man nach einem einfachen Schema darstellen:

- Problemstellung
- Versuche der Problemlösung
- Problemlösung (happy end).

Wenn man die Handlung an dieses Schema angleicht, hat man im Handumdrehen einen Spannungsbogen, der vielerlei Gestaltungsmöglichkeiten offenläßt.
Eine weitere Möglichkeit ist die Aufführung einer Nummern-Revue (Varieté). Hier kann man viele Puppen nacheinander spielen, und es ist nicht notwendig, eine logische Handlung zu entwickeln. Jede Puppe steht für sich, jede Szene lebt durch das Agieren der Puppen, nicht durch Texte. Jedoch müssen Puppen vorhanden sein, die in den Bereich der Show, des Zirkus' oder der Musik passen. Die Aufführung einer solchen Show ist schon für einen oder zwei Spieler nicht schwer.

Dialogbeispiel (mit verteilten Rollen zu lesen):
Kaufmann: Guten Tag, was darf's denn sein?
Frau: Wie bitte?
Kaufmann: Was möchten Sie kaufen?
Frau: Ich will nicht raufen.
Kaufmann: Nein, ich will wissen, was Sie haben wollen!
Frau: Ich will auch nicht rumtollen, ich will Zitronen!
Kaufmann: Ach so, ja, sofort. Wieviel Zitronen?
Frau: Keine Bohnen!
Kaufmann: Ich sagte Zitronen! Zi-tro-nen!
Frau: Ach, woher wissen Sie, daß ich Zitronen...
Kaufmann: Nun sagen Sie schon ... wieviel?
Frau: Wieviel was?
Kaufmann: ZITRONEN!!!
Frau: Nun schreien Sie nicht so, ich höre noch sehr gut!

Allein die Marionetten, deren Meister wir sind, ihre Beherrscher und Schöpfer – denn wir halten es für notwendig, sie selbst angefertigt zu haben –, übersetzen leidenschaftslos und elementar, in den genauesten Konturen, unsere Gedanken. Mit gewöhnlichem Eisendraht, so wie ihn die Blumenhändler benutzen, erangeln wir uns ihre Gesten, die die Grenzen des Vulgär-Menschlichen durchbrechen. Wir befinden uns vor – oder besser: auf – dieser Tastatur, wie bei einer Schreibmaschine . . . Und die Aktionen, zu denen wir sie veranlassen, haben ebenfalls keine Grenzen.

Alfred Jarry

TAMA
TAMA

Für jeden etwas...

Praktische Gebrauchsbücher stehen Ihnen, lieber Leser, mit Rat und Information zur Seite, wenn es darum geht, Fragen des täglichen Lebens zu beantworten.
Die hervorragende Sachkenntnis und die verständliche Sprache unserer Fachautoren sind ebenso selbstverständlich wie die sorgfältige Ausstattung unseres großen Buchprogramms. Damit bietet Ihnen der Falken-Verlag Bücher zum Lesen und Nachschlagen, mit denen Sie Ihr Leben aktiv und erfolgreich gestalten können.

Trockenblumen und Gewürzsträuße
(Best.-Nr. 5084) DM 12,80

Kleingebäck
(Best.-Nr. 5089) DM 11,80

Kübelpflanzen
(Best.-Nr. 5132) DM 14,80

Brotspezialitäten
(Best.-Nr. 5088) DM 12,80

Köstliche Suppen
(Best.-Nr. 5122) DM 12,80

Glasritzen
(Best.-Nr. 5109) DM 14,80

Exotisches Obst und Gemüse
(Best.-Nr. 5114) DM 12,80

Das Herbarium
(Best.-Nr. 5113) DM 16,80

Kalte Happen und Partysnacks
(Best.-Nr. 5029) DM 12,80

Zimmerbäume, Palmen und andere Blattpflanzen
(Best.-Nr. 5111) DM 16,80

Wellensittiche
(Best.-Nr. 5136) DM 12,80

Kinder lernen spielend kochen
(Best.-Nr. 5096) DM 12,80

Falls durch besondere Umstände Preisänderungen notwendig werden, erfolgt Auftragserteilung zu dem bei der Lieferung gültigen Preis.

Das neue Hundebuch
(0009) Von W. Busack, überarbeitet von Dr. med. vet. A. Hacker, 104 S., zahlreiche Abb., kart., DM 8,80

Testament und Erbschaft
Erbfolge, Rechte der Erben, Pflichten der Erben, Erbschaftssteuer, Schenkungssteuer, Mustertestamente
(4139) Von Theodor Drewes, Reiner Hollender, 354 S., Pbd., DM 26,80

Scheidung und Unterhalt
nach dem neuen Eherecht
(0403) Von Rechtsanwalt H. T. Drewes, 104 S., mit Karten und Unterhaltstab., kart., DM 7,80

Der neue Briefsteller
(0060) Von I. Wolter-Rosendorf, 112 S., kart., DM 5,80

Die erfolgreiche Bewerbung
(0173) Von W. Manekeller, 152 S., kart., DM 9,80

Reden zum Jubiläum
Musteransprachen für viele Gelegenheiten
(0595) Von G. Georg, 112 S., DM 6,80

Knobeleien und Denksport
(2019) Von Klas Rechenberger, 142 S., viele Zeichnungen, kart., DM 7,80

Kinder und Jugendschach
Offizielles Lehrbuch zur Erringung der Bauern-, Turm- und Königsdiplome des Deutschen Schachbundes.
(0561) Von B. J. Withuis und Dr. H. Pfleger, 144 S., 11 s/w-Fotos, 223 Abb., kart., DM 12,80

Spiele für Kleinkinder
(2011) Von Dieter Kellermann, 80 S., kart., DM 5,80

Hydrokultur Pflanzen ohne Erde – mühelos gepflegt
(4080) Von Hans-August Rotter, 120 S., 67 farbige und s/w-Abb. sowie Zeichnungen, geb., DM 19,80

Über 150 000 Begriffe
Das Super-Kreuzwort-Rätsel-Lexikon
(4126) Von Hans Schiefelbein, 688 S., Pbd., DM 19,80

Wie soll es heißen?
(0211) Von Dr. Köhr, 88 S., DM 5,80

Beliebte und neue **Kegelspiele**
(0271) Von Georg Bocsai, 92 S., 62 Abb., kart., DM 5,80

So lernt man leicht und schnell Maschinenschreiben
Lehrbuch für Selbstunterricht und Kurse
(0568) Von Jean W. Wagner, 80 S., 31 s/w-Fotos, 26 Zeichnungen, kart., Spiralbindung, DM 19,80

Poesiealbumverse
Heiteres und Besinnliches
(0578) Von Anne Göttling, 112 S., 20 Abb., Pappband, DM 14,80

Hochzeitszeitungen
Muster, Tips und Anregungen
(0288) Von Hans-Jürgen-Winkler, mit vielen Text- und Gestaltungsanregungen, 116 S., 15 Abb., 1 Musterzeitung, kart., DM 6,80

Von der Verlobung zur Goldenen Hochzeit
Vorbereitung – Festgestaltung – Glückwünsche
(0393) Von Elisabeth Ruge, 120 S., kart., DM 6,80

Bruce Lees Kampfstil 2
Selbstverteidigungs-Techniken
(0486) Von Bruce Lee, M. Uyehara, 128 S., 310 Fotos, kart. DM 9,80

Schmetterlinge
Tagfalter Mitteleuropas erkennen und benennen
(0510) Von Thomas Ruckstuhl, 156 S., 136 Farbfotos, kart., DM 16,80

Falken-Handbuch Pilze
Mit über 250 Farbfotos und Rezepten
(4061) Von Martin Knoop, 276 S., 250 Farbfotos, 28 Zeichnungen, gbd., DM 39,–

Falls durch besondere Umstände Preisänderungen notwendig werden, erfolgt Auftragserteilung zu dem bei der Lieferung gültigen Preis.

Beeren und Waldfrüchte
erkennen und benennen –
eßbar oder giftig?
(0401) Von J. Raithelhuber, 136 S.,
90 Farbfotos, 40 s/w., kart., DM 16,80

Arzneikräuter und Wildgemüse
erkennen und benennen
(0459) Von J. Raithelhuber, 140 S.,
108 Farbfotos, kart., DM 16,80

Tee
Herkunft · Mischungen · Rezepte
(0515) Von Sonja Ruske, 96 S.,
4 Farbtafeln, viele Abbildungen,
Pappband, DM 9,80

Mehr Freude und Erfolg beim
Brotbacken
(4148) Von Anneliese und
Gerhard Eckert, 160 S.,
177 Farbfotos, Pbd., DM 19,80

Zimmerpflanzen
(5010) Von Inge Manz, 64 S.,
98 Farbabb., Pbd., DM 12,80

Die 12 Sternzeichen
Charakter, Liebe und Schicksal
(0385) Von Georg Haddenbach,
160 S., gbd., DM 9,80

Möbel aufarbeiten, reparieren und pflegen
(0386) Von E. Schnau-Lorey,
96 S., 104 Fotos und Zeichnungen,
kart., DM 6,80

Liebeshoroskop für die 12 Sternzeichen
Glück und Harmonie mit ihrem
Traumpartner.
Alles über Chancen, Beziehungen,
Erotik, Zärtlichkeit, Leidenschaft.
(0587) Von Georg Haddenbach, 144 S.,
12 Zeichnungen, geb., DM 6,80

Einkochen
nach allen Regeln der Kunst
(0405) Von Birgit Müller, 96 S.,
8 Farbtafeln, kart., ca. DM 6,80

Bodybuilding
Anleitung zum Muskel- und
Konditionstraining für sie und ihn
(0604) Von Reinhard Smolana, 160 S.,
172 Fotos, kart., DM 9,80

Moderne Schmalfilmpraxis
Ausrüstungen · Drehbuch · Aufnahme
Schnitt · Vertonung
(4043) Von Uwe Ney, 328 S., mit über
200 Abb., teils vierfarbig,
gbd., DM 29,80

Windsurfing
Handbuch für Grundstein und Praxis
(5028) Von Calle Schmidt, 64 S.,
über 50 Abb., durchgehend vierfarbig,
Pbd., DM 12,80

Reiten
vom ersten Schritt zum Reiterglück
(5033) Von Herta F. Kraupa-Tuskany,
64 S., mit vielen Zeichnungen und
Farbabb., Pbd., DM 12,80

Gitarre spielen
Ein Grundkurs für den Selbst-
unterricht
(0534) Von Atti Roßmann, 96 S.,
1 Schallfolie, 150 Zeichnungen,
durchgehend zweifarbig, kart.,
DM 24,80

Buntbemalte Kunstwerke aus
Salzteig
Figuren, Landschaften und Wand-
bilder
(5141) Von Gabi Belli, 64 S.,
122 Farbfotos, Pbd., DM 12,80

Gestalten mit Salzteig
formen · bemalen · lackieren
(0613) Von Wolf-Ulrich Cropp, 32 S.,
56 Farbfotos, DM 6,80

Formen mit Backton
trocknen · backen · bemalen
(0612) Von Angelika Köhler,
32 S., 51 Farbfotos,
Spiralbindung, DM 7,80

Moderne Fotopraxis
Bildgestaltung · Aufnahmepraxis
Kameratechnik · Fotolexikon
(4030) Von Wolfgang Freihen,
304 S., mit 244 Abb., davon 50 vier-
farbig, Balacron mit vierfarbigem
Schutzumschlag, abwaschbare
Polyleinprägung, DM 36,–

Falken-Handbuch Videofilmen
Systeme, Kameras, Aufnahme,
Ton und Schnitt
(4093) Von Peter Lanzendorf, 288 S.,
8 Farbtafeln, 165 s/w-Fotos,
25 Zeichnungen, geb., DM 36,–

Hobby Seidenmalerei
(0611) Von Renate Henge, 88 S.,
106 Farbtafeln, Mustervorlagen,
kart., DM 19,80

Falken-Handbuch Heimwerken
Reparieren und Selbermachen
in Haus und Wohnung –
über 1100 Farbfotos. Sonderteil:
Praktisches Energiesparen
(4117) Von Thomas Pochert, 440 S.,
1164 Farbfotos, 100 ein- und
zweifarbige Abb., geb., DM 49,–

Falls durch besondere Umstände Preisänderungen notwendig werden, erfolgt Auftragserteilung zu dem bei der Lieferung gültigen Preis.

Kletterpflanzen
Rankende Begrünung für Fassade, Balkon und Garten
(5140) Von Martin Haberer, 64 S., ca. 63 Farbfotos, ca. 18 Zeichnungen, Pbd., ca. DM 12,80

Leben im Naturgarten
Der Biogärtner und seine gesunde Umwelt
(4124) Von Norbert Jorek, 128 S., 68 s/w-Fotos, 15 Farbtafeln, DM 12,80

Moderne Korrespondenz
(4014) Von H. Kirst und W. Manekeller, 570 S., gbd., DM 39,–

Die hier vorgestellten Bücher sind nur eine Auswahl aus unserem großen Ratgeber- und Sachbuchprogramm.
Bitte fordern Sie unser kostenloses Gesamtverzeichnis an.

Falken-Verlag GmbH · Postfach 1120
D-6272 Niedernhausen/Ts.

Blütenpracht in Haus und Garten
Der große praktische Ratgeber mit über 1000 farbigen Abbildungen
(4145) Von M. Haberer, F. Jantzen, G. Lysek, P. Möhring, N. Uhl, 352 S., über 1000 farbige Abbildungen, Pbd., DM 29,80

Kalte Platten
(4064) Von Maître Pierre Pfister, 240 S., 135 großformatige Fotos, gbd., DM 48,–

Backen
(4113) Von Margrit Gutta, 240 S., 123 Farbfotos, geb., DM 48,–

Das Aquarium
Einrichtung, Pflege und Fische für Süß- und Meerwasser
(4029) Von Hans J. Mayland, 334 S., über 415 Farbfotos und Farbtafeln, 150 Zeichnungen, geb., DM 39,–

Katzen
Rassen · Haltung · Pflege
(4216) Von Brigitte Eilert-Overbeck, 96 S., 82 großformatige Fotos, Pbd., DM 24,80

Falken-Handbuch Kochen
nach allen Regeln der Kunst
Das moderne Grundkochbuch mit über 1000 Farbbildern
(4143) Von Margrit Gutta, 624 S., mit über 1000 farbigen Abbildungen, geb., DM 78,–

Hunde-Ausbildung
Verhalten – Gehorsam – Abrichtung
(0346) Von Prof. Dr. R. Menzel, 96 S., 18 Fotos, kart., DM 7,80

Faszinierende Formen und Farben
Kakteen
(4211) Von Katharina und Franz Schild, 96 S., 127 großformatige Farbfotos, Pbd., DM 24,80

Falken-Handbuch Astrologie
Charakterkunde – Schicksal, Liebe und Beruf – Berechnung und Deutung von Horoskopen-Aszendenttabelle
(4068) Von B. A. Mertz, mit einem Geleitwort von Hildegard Knef, 342 S., mit erläuternden Grafiken, gbd., DM 29,80

Heiltees und Kräuter für die Gesundheit
(4123) Von Gerhard Leibold, 136 S., 15 Farbtafeln, kart., DM 12,80

Falls durch besondere Umstände Preisänderungen notwendig werden, erfolgt Auftragserteilung zu dem bei der Lieferung gültigen Preis.